A bientôt 1

Arbeitsbuch

Herausgegeben von Christa Gallasch
unter Mitwirkung und Leitung der
Verlagsredaktion Weiterbildung Fremdsprachen

Ernst Klett Stuttgart

Inhaltsverzeichnis

1

1. Qui est-ce ?

1. C'est Juliette Gréco ?

____

2. ______________________________ ?

Oui, ______________________________

3. ____________ Maria Schell ?

____

2. Bonjour, Madame.

Un monsieur:	*Une dame:*
— Bonjour, Madame.	~ ______________________
— Comment allez-vous?	~ ______________________
— Ça va. Au revoir, Madame.	~ ______________________

3. Salut, Jean.

Véronique:	Salut, Jean.
Jean:	____________, Véronique. ______________ Madame.
Mme Delaigue:	______________, Jean. Ça va?
Jean:	______________, merci.
Véronique:	______________ demain?
Jean:	______________
Véronique:	Alors, à demain.
Jean:	______________, ______________.
	______________, ______________.

4. Bonjour – Salut.

Schreiben Sie auf,

______ ______	______
______ ______	______
______ ______	______

1. wie sich die beiden Personen begrüßen könnten,
2. wie sie sich nach dem gegenseitigen Befinden erkundigen,
3. wie sie sich wahrscheinlich verabschieden.

5. Allemand ou Français?

1. — Monsieur Meier est Allemand? ~ Oui, il est Allemand.
2. — Madame Müller est Française? ~ Non, elle est ______
3. — Monsieur Giscard est ______ ~ Oui, ______
4. — ______ Lenormand est Allemande? ~ ______
5. — ______ Legrand est Français? ~ ______
6. — Monsieur Malnuit, vous êtes Allemand? ~ ______
7. — Inge, tu es Française? ~ ______

6. Vous êtes Allemande, Madame?

1. *A:* Vous êtes Allemande, Madame?
   B: Oui, je suis Allemande.

A: Elle est Allemande.

2. ______________ Belge, Mademoiselle?

Non, __________ Française. ______________________________

3. ______________ Français, Monsieur?

Non __________ Belge. ______________________________

4. ______________ Allemand, Hans?

Oui, __________ Allemand. ______________________________

7. Être — *Füllen Sie die Kästchen mit den Verbformen von «être» aus. Wenn Sie Zweifel haben, nehmen Sie die Grammatikdarstellung im Lehrbuch zu Hilfe.*

8. Übersetzung

— He, Brigitte? — ______________________________

~ Tag, Paul, wie geht's? ~ ______________________________

— Ganz gut, und dir? — ______________________________

~ Es geht. — Tschüß bis morgen! ~ ______________________________

— Bis morgen also! — ______________________________

2

1. Villes d'Europe

1. ville* en Autriche
2. en Belgique
3. en Espagne
4. en Italie
5. en France
6. en Suisse

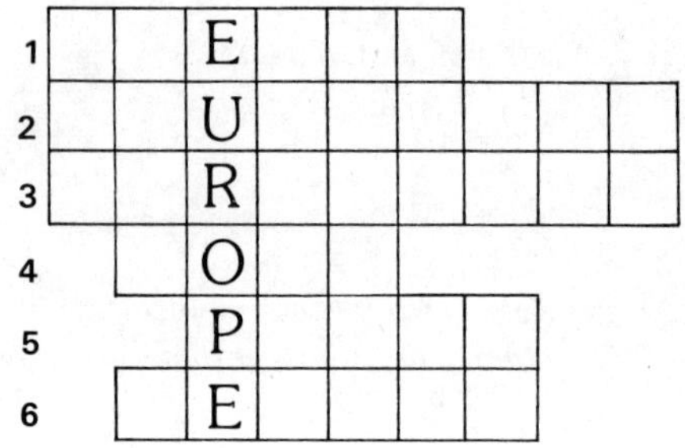

* *la ville* — Stadt

2. Nice est en Allemagne?

1. — Nice est en Allemagne? ~ Non, Nice ____________
2. — Genève est en ____________? ~ Oui, ____________
3. — Bruxelles est en France? ~ ____________
4. — Rome est en ____________? ~ Oui, ____________
5. — Vienne est en Allemagne? ~ ____________
6. — Londres est en Belgique? ~ ____________
7. — Et où est Barcelone? ~ ____________

3. Sylvia Mahler

Herr D. kennt Sylvia Mahler. Er gibt einem französischen Gesprächspartner Auskunft über sie.

— Sylvia Mahler est Française? ~ ____________

— Elle vient de quel endroit? ~ ____________

— Elle est en vacances? ~ ____________

— Où? ~ ____________

— Quelle est sa profession? ~ ____________

4. Monsieur Delhaize — *Nun fährt der französische Gesprächspartner mit seinen Fragen fort und erkundigt sich nach der Person des Herrn D. Dieser antwortet:*

— Et vous, quel est votre nom, Monsieur? ∼ ________________ Delhaize.

— Ah, vous êtes Belge? ∼ ____________________ Liège.

— Quelle est votre profession? ∼ ____________ ingénieur.

— Qu'est-ce que vous faites à Paris? Vous êtes en vacances? ∼ Non, ______________ Et vous?

— Moi, ______________ vacances.

5. A la télé* — *Sie sind Quizmaster in einem Fernsehspiel. Einer der Kandidaten ist Franzose. Wie alle anderen Teilnehmer fragen Sie auch ihn nach dem*

Namen: ____ ?

Herkunftsort: ____ ?

Beruf: ____ ?

Was kann der Franzose darauf sagen? Erfinden Sie mögliche Antworten!

____

____

____

* *la télé(vision)* Fernsehen

6. Comment réagir? — *Welches ist jeweils die passende Antwort? Wählen Sie aus den 8 folgenden Äußerungen die richtigen 6 aus und ergänzen Sie.*

Je vous en prie! — Si tu veux. — Très bien, merci. — Pas mal, et toi? — Vous désirez? — Je vous dois combien? — D'accord, au revoir. — Oh pardon!

1. — Comment allez-vous?
   ∼ ______________________________

2. — Ça va?
   ∼ ______________________________

3. — On va dans ce café?
   ∼ ______________________________

4. — Monsieur, s'il vous plaît.
   ∼ ______________________________

5. — Excusez-moi!
   ∼ ______________________________

6. — Alors à demain?
   ∼ ______________________________

7. Dialogues

Ergänzen Sie die Fragen nach dem angegebenen Beispiel.

1. — Elle vient de Nuremberg ?
   ~ Non.
   — Elle vient de quel endroit alors ?
   ~ De Munich !

2. — Il est à Paris ?
   ~ Non.
   — Où ______________________________ ?
   ~ A Lyon.

3. — Le thé, c'est pour vous ?
   ~ Non, pour moi c'est le café.
   — Le thé, c'est ______________________________ ?
   ~ Pour Madame.

4. — C'est Maria Schell ?
   ~ Mais non.
   — Qui ______________________________ ?
   ~ Marlène Dietrich !

5. — Tu prends une bière ?
   ~ Non, merci.
   — Qu'est-ce que ______________________________ ?
   ~ Un café.

6. — Qu'est-ce que vous faites à Paris, vous êtes en vacances ?
   ~ Non.
   — ______________________________ ?
   ~ Je fais un reportage.

8. Au café

Bringen Sie die Sätze in die richtige Reihenfolge.

Un monsieur:	*Le garçon:*
— ______________________	~ ______________________
______________________	
(Le garçon apporte* une bière, un café et un cognac.)	
— ______________________	~ ______________________
(Le garçon apporte un jus de tomate.)	
	~ ______________________
— ______________________	______________________
______________________	

* *apporter* — bringen

9. Übersetzung

— Wie heißen Sie? — ______________________ ?

~ Ich heiße Mesmer. ~ ______________________

— Sind Sie Französin? — ______________________ ?

~ Nein, ich bin Deutsche. ~ ______________________

— Was sind Sie von Beruf? — ______________________ ?

~ Ich bin Sekretärin. ~ ______________________

— Arbeiten Sie hier? — ______________________ ?

~ Nein, ich mache Ferien. ~ ______________________

3

1. Moi, j'aime le jazz.

1. — Et vous? ~ Nous, on ____________ la musique classique.
2. — Et Michel? ~ Il ________ la chanson.
3. — Et Martine? ~ Elle ________ aussi la chanson.
4. — Et toi? Tu ____________ aussi la chanson? ~ Non, moi j' ______________ la musique pop.
5. — Et vous, qu'est-ce que vous ____________? ~ Moi, j'aime ________________________ ________________________________

2. Qui est Alain Clavel?

Il est Français. Il travaille __ Paris ________ Peugeot. Il s'intéresse _____ cinéma, ________ musique et ________ bandes dessinées, mais il aime surtout _____ voile.

3. Villeneuve — *Was bietet Villeneuve? Versprachlichen Sie die Werbeplakette.*

1. ________________

3. ________________

2. ________________

4. ________________

4. Les sports

Setzen Sie die entsprechenden Verbformen von «faire» ein. — Wenn Sie Zweifel haben, nehmen Sie die Grammatikdarstellung im Lehrbuch zu Hilfe.

Pierre: Tu ________ du sport, Luc?

Luc: Oui, je ________ du ski.

Pierre: Et Marc?

Luc: Marc? Il ________ de la voile.

Pierre: Et vous, qu'est-ce que vous __________?

Jean et Nadine: Nous, nous _____________ des promenades.

Pierre: Des promenades! Ils ________ des promenades!

Nadine: Et bien oui, on aime __________ des promenades.

5. Alain et Sylvia

Setzen Sie die fehlenden Wörter ein.

1. Alain travaille au service ...
2. Il aime ... la voile.
3. Mais il s'intéresse aussi à la ...
4. Sylvia aime ... des gens.
5. Vendredi elle va au ... avec Alain.
6. Sylvia connaît surtout des ...
7. Elle aime ... les vitrines.
8. Elle aime aussi écouter des ...

6. Un rendez-vous

— Allô?

~ C'est Marc. Bonjour, Sylvia. __________?

— _________, ça va.

~ On va _____ cinéma _____ soir?

— Ce __________? ________, j'ai déjà __________________________

~ Alors, _______________?

— Demain? D'accord. A quelle __________?

~ A huit ____________

— D'accord. __________ à demain.

7. Avoir — *Füllen Sie die Kästchen mit den Verbformen von « avoir » aus. — Wenn Sie Zweifel haben, nehmen Sie die Grammatikdarstellung im Lehrbuch zu Hilfe.*

8. Au café

Wie sieht die Rechnung aus, die der Kellner eben auf den Tisch gelegt hat?

2	b	5 F
2	ca	3 F
1	l	2 F
1	j	2 F
2	co	6 F
1	t	2 F
		20 F

9. Les vacances de Luc

a) *Luc erzählt, was er in den Ferien Tag für Tag tut.*
b) *Sie berichten über den Tagesablauf von Luc.*

1. a) Je prends un café
   b) Il prend à neuf heures.

2. a) Je fais ______
   b) Il ______ à ______

3. a) Je ______ du ______
   b) ______ à ______

4. a) Je ______
   b) ______ avec Pierre à ______

5. a) J' ______
   b) ______

6. a) ______ un verre avec une amie
   b) ______

7. a) ______
   b) ______

8. a) ______
   b) ______

10. Une amie

Sie haben eine Freundin zu Besuch und stellen sie in einem Brief Ihren französischen Bekannten vor. Verwenden Sie dabei die angegebenen Stichwörter.

Belge	Elle ______
Liège	______
secrétaire	______
à Bruxelles	______
cinéma/musique pop	______
photo	______
vacances/Allemagne	______

11. Übersetzung

Christine ist Deutsche. Sie	______
kommt aus München und (sie)	______
macht Ferien in Vichy.	______
Sie interessiert sich für die Mode	______
und fürs Kino.	______
Aber sie treibt auch gern Sport.	______
In Vichy geht sie segeln und (sie)	______
macht Spaziergänge mit Luc.	______
	______
	______
Luc ist Franzose. Er arbeitet bei	______
Michelin in Clermont-Ferrand.	______
Er liebt Christine, aber sie hat	______
einen Freund in München …	______
	______

4

1. Où est-ce que Madame Becfin fait ses courses?

Elle achète la viande* ________ le boucher. ________ charcuterie, elle prend le jambon et le pâté. ________ l'épicier, elle achète le lait et le fromage. Pour acheter les fruits et les légumes, elle va ________ marché parce que c'est plus frais. Elle achète le sucre et le vin ________ supermarché: c'est moins cher.

2. S'appeler — acheter — préférer — *Tragen Sie die passende Verbform ein.*

1. — Vous ________________ comment?	s'appeler
~ Moi? Je ____________ Martine Dugard.	s'appeler
— Vous aimez faire du sport?	
~ Oui, mais je ____________ regarder un match de football à la télévision.	préférer
2. — On __________ des poires?**	acheter
~ Non, je ____________ prendre des pommes, c'est moins cher.	préférer
3. — Où est-ce que vous allez?	
~ Chez Dumon, pour ____________ des légumes.	acheter
— Vous ne ________________ pas aller au marché? C'est plus loin, mais c'est plus frais.	préférer

3. Aller

Tragen Sie die Verbformen von « aller » ein. Wenn Sie Zweifel haben, nehmen Sie die Grammatikdarstellung im Lehrbuch zu Hilfe.

* *la viande* Fleisch
** *la poire* Birne

4. Véronique fait les courses.

Qu'est-ce qu'elle achète ? Et où ?

1. ____

____

____

2. ____

____

____

3. ____

____

____

5. Qu'est-ce qu'on mange ?

A : On fait une omelette ?

B : Non.

A : Pourquoi ? On  ______________________________?

B : Non.

A : Alors, on mange un sandwich ?

B : Non, on 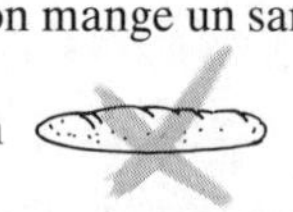 ______________________________.

A : Bon, je vais faire les courses. J'achète des biftecks ?

B : C'est trop cher. On  ______________________________.

A : Alors, qu'est-ce qu'on mange ?? 

6. On va au cinéma, samedi?

Martine möchte ins Kino gehen, aber natürlich nicht alleine. Leider haben alle ihre Freunde eine Ausrede, doch Marc, den sie als letzten anruft, willigt zum Glück ein.

Was sagen Luc, Rolande, Monique, Gilbert und Marc?

7. Ça fait combien?

a) *Ergänzen Sie die fehlenden Wörter in folgenden Sätzen.*
b) *Tragen Sie deren Anfangsbuchstaben in die Kästchen ein.*
c) *Stellen Sie fest, in welcher Reihenfolge die Äußerungen fallen.*

○ ________ g de jambon et

○ Je voudrais 100 g de  ________

○ Au ________, Madame.

○ 1 kilo de  ________

	I	N		

			N		

① Qu'est-ce que ________ désirez?

○ C'est ________

○ Ça ________ combien?

○ Et ________ ça?

8. Dimanche au marché

Christian fait ________________. Sa maman ne ________ pas ________ faire.

Il va  ________________. C'est ________ loin, mais c'est ________________ cher. Il ________  ________________ chez le ________________. Après il ________________ un  ________________ et  ________________ chez  ________________

Puis il ________ Renard et il ________ 

________________ ________ et 

________________ Après il ________ 

________________ et il ________________

 ________________

9. Au marché — *Formen Sie die folgenden Angaben in einen Dialog um.*

Eine Marktfrau fragt, ob Sie an der Reihe sind.	—	______________________
Sie sagen, daß Sie an der Reihe sind.	~	______________________
Die Marktfrau fragt, was Sie wünschen.	—	______________________
Sie verlangen 1 kg Bananen.	~	______________________
Die Marktfrau fragt, ob es sonst noch etwas sein darf.	—	______________________
Sie sagen, daß es alles ist.	~	______________________
Die Marktfrau gibt Ihnen die Ware und sagt, daß es 7 F kostet.	—	______________________
Sie bezahlen und sagen Auf Wiedersehen.	~	______________________

5

1. Descendre

Tragen Sie die entsprechenden Präsensformen ein. — Wenn Sie Zweifel haben, nehmen Sie die Grammatikdarstellung im Lehrbuch zu Hilfe.

2. Où est le syndicat d'initiative, s'il vous plaît?

1. — Où est le syndicat d'initiative, s'il vous plaît?
   ~ Alors, devant vous, là-bas, vous avez la gare. Le syndicat d'initiative est ______________________

2. — Où est la cathédrale, s. v. p.?
   ~ Elle est ______________________

3. — Pour aller à la poste, s. v. p.?
   ~ La poste? Elle est ______________________

4. — Où est le marché, s. v. p.?
   ~ Il est ______________________

5. — Où est la boucherie, s. v. p.?
   ~ Alors, devant vous, là-bas, vous avez la poste. La boucherie est ______________________

6. — Pardon, Monsieur, pour aller au cinéma, s. v. p.?
   ~ C'est juste ______________________

3. A la banque

Sie lösen verschiedene Schecks ein. Schreiben Sie die Beträge in Buchstaben.

4. On prend l'autobus?

Setzen Sie die passenden Formen folgender Verben ein:

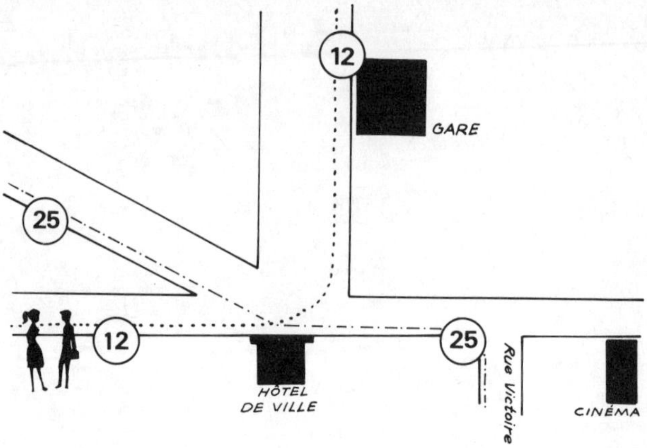

aller
changer
continuer
descendre
prendre

Michel: Je ______________ au cinéma. Et toi?

Nadine: Moi aussi!

Michel: On ______________ l'autobus?

Nadine: Oui, c'est loin!

Michel: On ______________ à la gare?

Nadine: Mais non, on ______________ à l'hôtel de ville et on ______________ le 25.

Michel: Alors on ______________ rue Victoire?

Nadine: Oui, et on ______________ à pied.

5. En ville

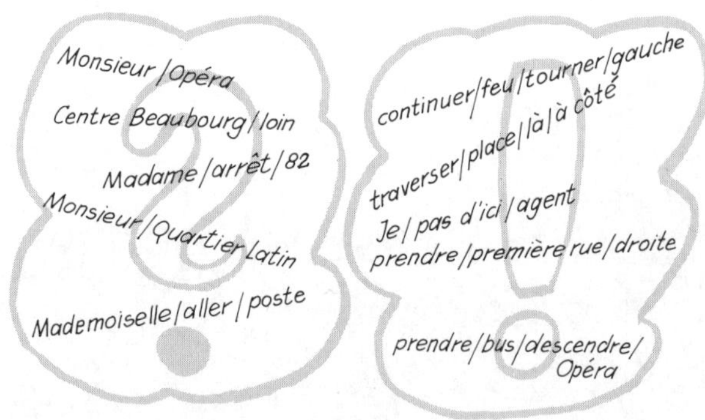

Bilden Sie fünf sinnvolle Fragen und Antworten.

1. — ____ ?
   ~ ____
2. — ____ ?
   ~ ____ .
   ____

3. — ____ ?

~ ____ .

4. — ____ ?

~ ____ .

5. — ____ ?

~ ____ .

____ .

6. Où est-ce que vous allez?

1. — Est-ce que vous allez aussi au marché?

~ Oui.

— Alors vous prenez le bus?

~ Non, je ______________

2. — ______________ vous ______________

______________ ?

~ Non, on ______________

3. — Moi je ______________

Et vous?

~ Nous, on ______________

4. — ______________ vous êtes ______________ ?

~ Non, ______________

5. — La rue Lepic, c'est ______________ ?

~ Non, c'est ______________

7. Trouvez votre chemin.

Hier ist der Plan einer französischen Kleinstadt. Tragen Sie die Namen der Gebäude in die Skizze ein.

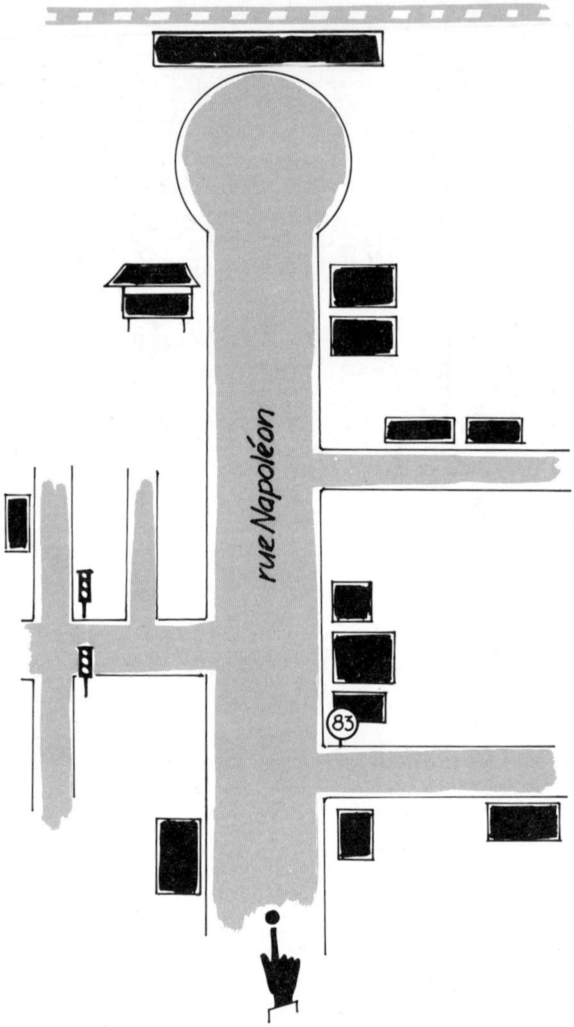

1. Là, c'est la rue Napoléon. *L'épicerie* est juste devant vous, à droite;
2. *le restaurant* «chez Paul», à gauche.
3. Pour aller à *l'hôtel de ville,* vous prenez la première rue à droite et c'est à 300 mètres.
4. *La poste* est dans la rue Napoléon, à droite, là où il y a l'arrêt du 83.
5. *Le syndicat d'initiative* est derrière la poste.
6. *Le Café de Paris* est à côté.
7. Pour aller au *commissariat de police,* vous prenez la première rue à gauche, vous continuez tout droit jusqu'au feu, là vous tournez à droite, et le commissariat de police est à 200 m, à gauche.
8. Il y a une *boucherie* dans la deuxième rue à droite.
9. *La boulangerie* est juste à côté.
10. Pour aller à *la gare* à pied, vous prenez la rue Napoléon, vous continuez tout droit jusqu'au marché. Là vous traversez la place et c'est juste devant vous.

8. De la gare à la maison

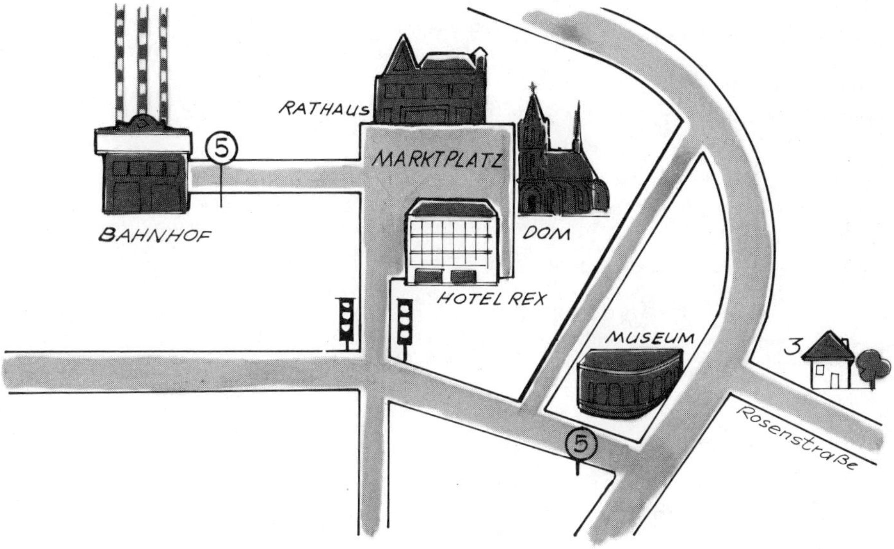

Sie wohnen in dieser deutschen Stadt. Sie bekommen Besuch aus Frankreich und schreiben Ihren Freunden, wie sie am besten vom Bahnhof zu Ihrem Haus in der Rosenstraße 3 kommen, und zwar a) zu Fuß, b) mit dem Bus.

a) ______________________________

____

____

____

____

____

____

b) ______________________________

____

____

____

____

____

____

6

1. Ils travaillent beaucoup. — *Complétez.*

arriver — déjeuner — déposer — être — faire (3 x) — habiller — laver — se lever — prendre — préparer — quitter — réveiller — travailler

Laurence et Jacques ______________ beaucoup. Ils ______________ très tôt. Ils ________ leur toilette, ______________ le petit déjeuner, ______________ les enfants, les ____________, les ______________, les ________ déjeuner et les ____________ chez la nourrice.

Après ils ______________ le train puis le métro pour aller au travail.

De midi et demi à deux heures, ils ________ libres. Ils ______________ à la cantine.

Ils ____________ le bureau vers six heures.

Ils ________ quelques courses et de nouveau, c'est le métro, le train, la nourrice. Ils ____________ à la maison vers sept heures.

2. M. Dumont, qui est-ce?

M. Dumont wird nach seiner Person gefragt. Sie befinden sich im Nebenraum und können seine Antworten hören. Was er gefragt wurde, können Sie aber nicht verstehen. *Rekonstruieren Sie die Fragen.*

1. — ______________________?
   ~ Hubert Dumont.
2. — ______________________?
   ~ Vingt-sept ans.
3. — ______________________
   ______________________?
   ~ A Toulouse.
4. — ______________________
   ____________?
   ~ Je suis cadre à la SNCF.
5. — ______________________
   ______________________?
   ~ Non, elle ne travaille pas.
   Elle est à la maison.
6. — ______________________
   ______________________?
   ~ Oui.
7. — ______________________?
   ~ Trois.
8. — ______________________?
   ~ Mon fils a huit ans et mes filles ont quatre et deux ans.

3. Moins cher et plus frais

Chez le Chez Au A l'	épicerie, marché, boucher, Legros,	le vin la viande les légumes les bananes les œufs	sont est	plus moins	cher. chère. chères. chers. frais. fraîches.

Schreiben Sie 4 sinnvolle Sätze mit Hilfe der obigen Tabelle.

1. ____________________

____

2. ____________________

____

3. ____________________

____

4. ____________________

____

4. A une soirée — *Ergänzen Sie die Possessivbegleiter.*

Mme A.: Ce sont les enfants de M. Dubois?

M. B.: Oui, ce sont ________ enfants.

Mme A.: Et ________ enfants ne sont pas là?

M. B.: Non, ________ enfants sont au cinéma.

Mme A.: Et ce monsieur, c'est le mari de Mme Lebrun?

M. B.: Oui, c'est ________ mari.

Mme A.: Et ________ femme est là aussi?

M. B.: Non, ________ femme est au cinéma avec les enfants. — Et ________ mari?

Mme A.: ________ mari est à la maison. Il finit ________ travail.

5. En semaine et le dimanche

1. — Quand est-ce que M. et Mme Didier ____________________ le petit déjeuner ?
   ~ En semaine, ils le ____________________ à 7 heures.
   — Et le dimanche ?
   ~ Le dimanche, ils ____________________ à 9 heures 30.

2. — Quand est-ce que Pierre ____________________ sa fille ?
   ~ En semaine, il ____________________ à 6 heures 30.
   — Et le dimanche ?
   ~ Le dimanche, il ____________________ à 9 heures.

3. — Quand est-ce que Mme Brun et Brigitte ____________________ ?
   ~ En semaine, ____________________ le soir à six heures.
   — Et le dimanche ?
   ~ Le dimanche, ____________________ à 11 heures du matin.

4. — Quand est-ce que Mlle Xavier ____________________ ?
   ~ En semaine, ____________________ à 8 heures.
   — Et le dimanche ?
   ~ Le dimanche, ____________________ pas.

6. Mots croisés: Les Legros

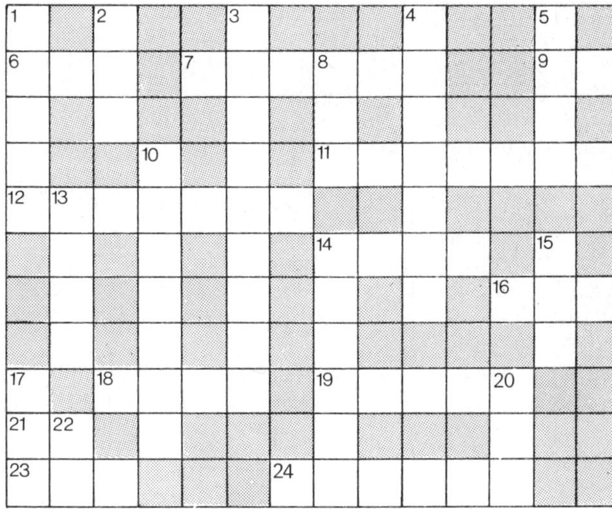

Verticalement:

1. Le samedi et le dimanche, M. Legros ne travaille pas, il est ...
2. La fille des Legros, Paulette, a neuf ans; elle ... encore petite.
3. Mme Legros travaille dans une banque; elle est ...
4. En ... M. Legros se lève à sept heures.
5. Monsieur Legros est le ... de Madame Legros.
8. Le dimanche la famille Legros prend le petit déjeuner à dix heures, ce n'est pas ...
10. Les enfants ont une grande ...: les bandes dessinées.
13. M. Legros commence à travailler à ... heures.
14. Aujourd'hui il veut ... des lettres.
15. Mme Legros fait ... courses le samedi.
17. Les Legros aiment la musique ...
20. Le dimanche, M. Legros va souvent au cinéma avec sa femme et ... enfants.
22. Mais le fils, qui a treize ans, ... veut pas toujours aller au cinéma avec la famille, il préfère faire du sport avec ses amis.

Horizontalement:

6. Les enfants ne regardent pas souvent la télé, ... se couchent tôt.
7. M. Legros n'est pas pour le travail de la femme: il est ...
9. Son fils, Marc, va déjà ... lycée.
11. Mme Legros n'aime pas faire le ménage, mais elle aime son ... à la banque.
12. Pendant que Mme Legros prépare le dîner, les ... mettent la table.
14. Après l'école, Marc et Paulette aiment flâner ... les rues.
16. Ils rencontrent souvent ... amis.
18. Mme Legros ne s'intéresse pas à la ...
19. Le vendredi Marc rentre du lycée à ... heures.
21. Chez les Legros ... dîne à huit heures.
23. M. et Mme Legros regardent souvent la télé, ils se parlent ...
24. Les enfants se couchent tard, ils sont déjà assez ...

7. Übersetzung: Les Lebrun

Lebruns wohnen in Grenoble. Herr Lebrun ist Lehrer im Balzac-Gymnasium. Seine Frau ist Buchhalterin. Sie haben eine kleine Tochter von 4 Jahren. Sie ist bei einer Nachbarin, während die Eltern arbeiten.

Wochentags frühstücken Lebruns um $^1/_4$ vor 7 Uhr. Um halb 8 Uhr nimmt Frau Lebrun die Métro.

Ihr Mann setzt zuerst seine Tochter bei der Nachbarin ab, und dann fährt er mit dem Auto in die Schule.

Und was machen Lebruns abends? Sie mögen das Fernsehen nicht so sehr. Sie gehen ins Kino, sie laden Freunde ein, und sonntags machen sie oft einen Spaziergang.

7

1. La grande famille

1. La mère de votre père, c'est votre ________________
2. Le père de votre mère, c'est votre ________________
3. Le fils de votre grand-père, c'est votre __________ ou votre __________
4. La fille de votre grand-mère, c'est votre __________ ou votre __________
5. Votre grand-mère et votre grand-père, ce sont vos ________________
6. Un autre fils de vos parents, c'est votre __________
7. Le frère de votre père, c'est votre __________
8. La fille du frère de votre père, c'est votre ______________

2. Qu'est-ce que vous faites pendant les vacances?

Nous? Nous ____________ souvent en Bretagne parce que les parents de ma femme ________ une petite maison là-bas. Alors nous ____________ des promenades. Après nous ____________ l'apéritif avec des amis. Nous ____________ souvent au restaurant parce que, pendant les vacances, nous ____________ bien et beaucoup. L'après-midi, je ________ souvent de la voile avec les enfants. Ma femme n' ________ pas ça. Alors elle ________ des courses avec une voisine. Et le soir, nous ____________ invités chez des amis ou nous ____________ à la maison et nous ____________ ____ la télévision.

3. Vacances en Corse — *Ergänzen Sie die Possessivbegleiter.*

Cette année, Monsieur et Madame Duval ont passé leurs vacances en Corse, chez ________ fils qui habite à Ajaccio avec ______ femme et ______ trois enfants. Ils sont restés deux semaines avec ________ petits-enfants, Luc, Jeanne et Claire.
Luc a fait beaucoup de promenades avec ______ grand-père. Jeanne et Claire ont regardé des bandes dessinées avec ________ grand-mère. Monsieur et Madame Duval ont été très heureux de voir ________ fils et ______ femme qui ne viennent pas souvent à Paris parce que c'est loin et très cher.
Maintenant les Duval sont rentrés. Ils gardent un bon souvenir de ________ vacances en Corse.

4. Après les vacances

Nach ihren Ferien in Korsika schreibt Frau Duval einen Brief an ihre Freundin. *Übernehmen Sie den Text von Übung 3.*

Paris, le 9 septembre

Chère Claude,

Cette année, nous avons passé nos vacances ______________________________

Très amicalement

Renée

5. Je veux bien, mais … — *Complétez.*

devoir — pouvoir — savoir — vouloir

— Vous êtes libre ce soir ?

~ Non, je regrette. Je __________ travailler. Si vous __________, nous __________ nous voir demain.

— Non, demain je ne __________ pas. Mon mari __________ aller au cinéma avec moi.

~ Alors vous __________ venir à la maison samedi, si vous __________

— Samedi ? Non, ça ne va pas. Je __________ faire les courses. Mais nous __________ nous voir au café.

~ Vous __________, je n'aime pas aller au café le samedi.

— Bon. Alors, qu'est-ce qu'on fait ?

~ Il est 8 heures et je __________ rentrer. On __________ se téléphoner demain.

6. Quelle est la question ?

Finden Sie die Fragen zu den folgenden Antworten und verwenden Sie dabei jeweils das angegebene Stichwort.

déranger	1. — __________ __________?	~ Non, pas du tout.
travail de la femme	2. — __________ __________ __________?	~ Non, je suis contre.
M. Dumont	3. — __________ __________?	~ Non, ce n'est pas moi.
venir déjeuner	4. — __________ __________?	~ Non, je regrette, j'ai déjà quelque chose.
cinéma — samedi	5. — __________ __________ __________?	~ Oui, d'accord.

7. Le participe passé

Kennen Sie die Partizipien der Vergangenheit folgender Verben?

1. prendre
2. aller
3. croire
4. faire
5. aimer
6. connaître
7. dire
8. pouvoir
9. avoir
10. appeler
11. acheter
12. savoir
13. mettre
14. être
15. Quelle est la forme du verbe?

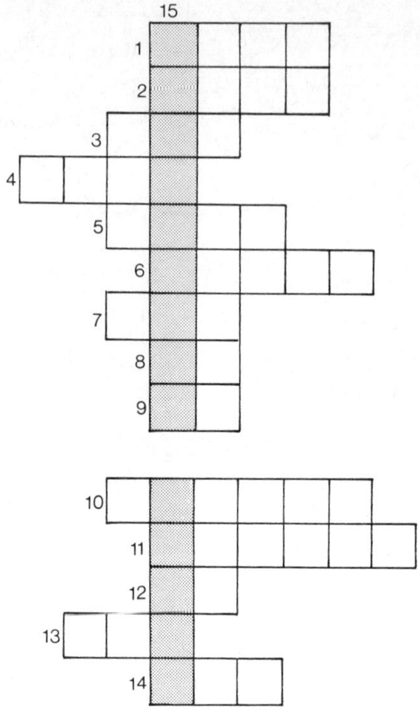

8. Une journée chez Madame Brun

Ein Reporter will einen Bericht über den Tagesablauf alleinstehender Mütter schreiben. Er hat einen Tag mit Mme Brun und ihren Kindern verbracht und sich nachstehende Notizen gemacht:

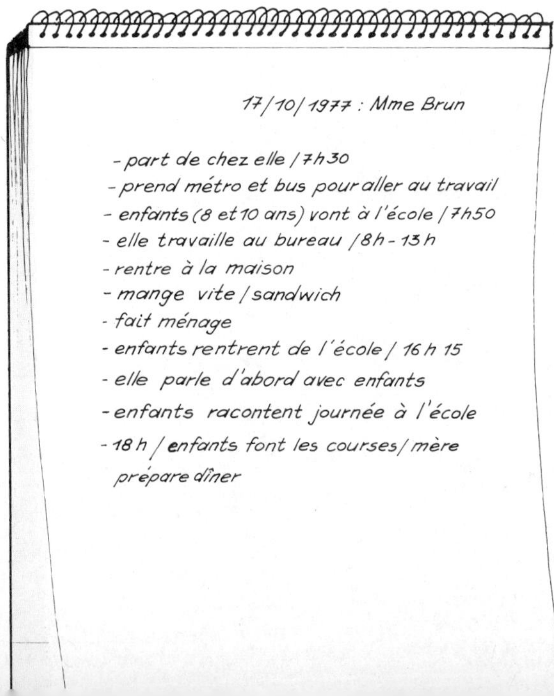

Aus diesen Angaben fertigt er seinen Bericht. Er schreibt:

Le 17 octobre 1977 chez Mme Brun:
Mme Brun est partie de chez elle à sept heures et demie. Puis elle

9. Sylvia chez les Clavel

Was sagen die Personen in der wörtlichen Rede?

Alain stellt seiner Mutter Sylvia Mahler vor.	*Alain:*	
Die Mutter begrüßt Sylvia und bittet sie einzutreten.	*Mme C.:*	
Sylvia erwidert den Gruß und fragt, ob sie nicht störe.	*Sylvia:*	
Die Mutter verneint das.	*Mme C.:*	
Sie bietet Sylvia etwas zu trinken an.		
Sylvia lehnt dankend ab.	*Sylvia:*	

8

1. Pays, habitants et langues — *Complétez.*

PAYS	HABITANT	LANGUE(S)
la R.F.A.	un Allemand	l'allemand
la France		
	un Espagnol	
les Etats-Unis		
	un Luxembourgeois	
	un Canadien	
la Chine		
l'U.R.S.S.		
	un Italien	
		l'allemand le français l'italien
la Belgique		le flamand le français
	un Anglais	
	un Hollandais	le néerlandais
	un Autrichien	
	un Danois	

2. Un touriste américain raconte son voyage. — *Complétez.*

D'abord je suis allé ______ Grande Bretagne. J'ai passé deux jours ______ Londres. Puis je suis allé ______ Pays Bas. ______ Rotterdam, j'ai pris le bateau et je suis allé ______ Amsterdam. Après, je suis parti pour la R.F.A. Là, ______ Munich, des amis sont venus à la gare. Nous avons visité la ville. J'ai fait la connaissance d'un groupe de Français. Je suis alors allé ______ Heidelberg avec eux. C'est vraiment une ville très pittoresque. J'ai continué mon voyage ______ Luxembourg. Puis je suis allé ______ France. D'abord ______ Paris, bien sûr. Après, j'ai passé deux jours ______ Bretagne. Puis j'ai traversé le Centre et je suis arrivé ______ Midi. Et maintenant, je ne veux plus partir!

3. Régions de France

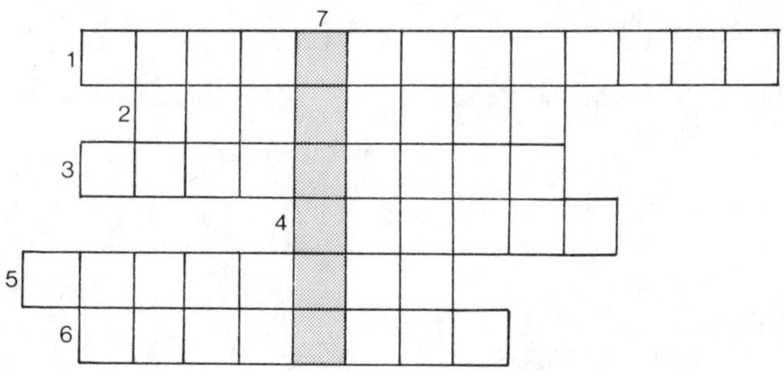

1. Région volcanique. Les touristes arrivent peu à peu.
2. Région de dolmens et de menhirs.
3. Pays du camembert.
4. Région de plages, de dunes et de pins.
5. Région riche en mines de charbon et de fer.
6. Pays des oliviers et de la lavande.
7. Pays d'Europe.

4. Mes amis en voyage — *Complétez par le passé composé des verbes.*

Ils ______ Francfort à 7 h 30.	quitter
Ils ______ le Rhin près de Ludwigshafen et	traverser
______ l'autoroute jusqu'à Sarrebruck.	prendre
Après le déjeuner, ils ______ en France.	entrer
A Metz, ils ______ la cité et la cathédrale.	visiter
Ils ______ une promenade dans les vieilles rues.	faire
Au marché, ils ______ quelques fruits,	acheter
puis ils ______ pour Paris.	partir
Ils ______ tard.	arriver
J' ______ trois heures à l'hôtel!	attendre

5. Annonces de voyage sur quelques régions de France

Complétez.

sauvages lacs touristique pins oliviers dunes menhirs soleil châteaux pêche volcanique vignobles camembert dolmens plages lavande campagne

1. Venez ______ Provence ! C'est le pays des ______ et de la ______ et, bien sûr, le pays du ______ !

2. Passez vos vacances ______ Massif Central ! C'est une région ______ avec des ______ et des ______ en ruine où on trouve la solitude.

3. Visitez ______ Bretagne ! C'est un pays ______ avec des côtes ______, des ports de ______, des ______ et des ______.

4. Allez ______ Sud-Ouest ! Au sud de Bordeaux il y a beaucoup de ______ et les Landes avec d'immenses ______, avec des ______ et des ______.

5. Faites un voyage ______ Normandie ! On y trouve une ______ verte et riche. C'est le pays du ______.

6. La superficie de la R.F.A. — *Comparez.*

La R.F.A.	248 600 km^2	La Belgique	30 500 km^2
La France	550 000 km^2	L'Italie	301 200 km^2
La Grande-Bretagne	244 000 km^2	Les Etats-Unis	9 363 100 km^2
L'Espagne	504 000 km^2	L'U.R.S.S.	22 402 200 km^2
La Suisse	41 200 km^2		

La R.F.A. est deux fois plus petite que la France ou l'Espagne et trente-sept fois ______ les Etats-Unis. Elle est six fois ______ la Suisse et même huit fois ______ la

Belgique. Elle est ________________ l'Italie, mais la Grande-Bretagne ________________ la R.F.A.

Et quel est le ________________ pays du monde ? C'est l'U.R.S.S. La R.F.A. est quatre-vingt-dix fois ________________ l'U.R.S.S.

7. Connaissance des pays de la CEE — *Complétez.*

1. La France est un pays agricole ________________ que l'Italie.
2. Mais la France est aussi un grand pays industriel. Ses industries ________________ ________________ sont l'industrie textile et la construction mécanique.
3. Le Luxembourg a ________________ difficultés économiques ________ la Lorraine et le « Land » de la Sarre.
4. La Belgique a ________________ habitants (9,7 millions) ________ les Pays-Bas (13,4 millions).
5. La R.F.A. est un pays ________________ touristique ________ l'Italie.

8. Rébus*

* *le rébus* Bilderrätsel

9. Übersetzung: Deutsche Landschaften

Ihre französischen Freunde haben Schwierigkeiten, einen deutschen Reiseprospekt zu verstehen. Sie übersetzen:

Das Saarland ist ein Industriegebiet mit gewaltigen Kohlelagern. Aber das Saartal ist auch ein hübsches grünes Land mit Seen und vielen kleinen Dörfern. Die Hauptstadt Saarbrücken ist das Handels-, Industrie- und Kulturzentrum. Diese Gegend hat heute ernste wirtschaftliche Probleme.

Das Moseltal ist eine der schönsten deutschen Gegenden. Es gibt (hier) malerische Dörfer und Burgruinen, und natürlich viele Weinberge. Die Mosel ist berühmt wegen* ihrer Weine. Über die sehr schöne Moselstraße gelangt man nach Trier, der ältesten Stadt Deutschlands.

Man findet dort schöne Kirchen und eine romantische Altstadt.

* célèbre pour

10. Visiter Paris en bateau. — *Lesen Sie den Text und kreuzen Sie an.*

Pourquoi ne pas aller en bateau à la découverte de Paris? Tous les samedis matin, à 9 h 30, la « Patache » vous attend quai Anatole-France.

Avec ce bateau, qui est long de 12 mètres et large de 4, vous faites d'abord une petite promenade sur la Seine. Vous pouvez voir alors le Louvre, les Tuileries, les monuments de l'île de la Cité, les vieilles maisons de l'île Saint-Louis et les vieux ponts de Paris.

Ensuite, le bateau entre dans le canal Saint-Martin. Et dix minutes après, vous faites, sous terre, une promenade de près de trois kilomètres. Vous passez sous la place de la Bastille et les boulevards Richard-Lenoir et Jules-Ferry. Enfin, vous ressortez près de la gare de l'Est.

A 16 h 30, le bateau arrive à Saint-Denis. Vous pouvez alors, si vous le voulez, visiter la cathédrale, qui est construite en style gothique. Pour retourner au centre-ville, il faut prendre le métro ou le bus.

la découverte Entdeckung — *long* lang — *large* breit — *le pont* Brücke — *sous terre* unterirdisch — *sous* unter — *ressortir* wieder hervorkommen — *construire* bauen — *retourner* zurückkehren.

1. La « Patache » est un bus qui part tous les samedis matin du quai Anatole-France.
2. La « Patache » est large de 12 mètres et longue de 4 mètres.
3. Avec ce bateau, on peut faire une promenade sur la Seine.
4. On peut voir alors l'Arc de Triomphe et l'Opéra.
5. Puis le bateau entre dans le canal Saint-Martin.
6. On peut voir alors les boulevards Richard-Lenoir et Jules-Ferry.
7. La « Patache » arrive à Saint-Denis à 16 h 30.
8. On peut retourner au centre-ville en bateau.

vrai	faux

9

1. Qui boit quoi? — *Formez des phrases avec les mots suivants.*

Au petit déjeuner,	les enfants		un verre de	chocolat
A onze heures,	je		une bouteille de	jus de tomate
Au déjeuner,	vous	(boire)	une tasse de	bière
Après le déjeuner,	on		un	café
L'après-midi,	tu		une	thé
Au dîner,	nous		du	vin
			de la	

1. ____

____

2. ____

____

3. ____

____

4. ____

____

5. ____

____

6. ____

____

2. Chez l'épicier

Mme Toussaint achète du café.
Elle en prend un paquet.

Et les autres, qu'est-ce qu'ils achètent? Et ils en prennent combien?

1. Robert ____

____

2. Les deux jeunes filles ____

____

3. La grand-mère ______________________________

____

4. Les enfants ______________________________

____

5. Le monsieur ______________________________

____

3. Plus de chocolat!

Der Arzt stellt fest, Sie sollen eine Diät befolgen. *Complétez.*

Vous pouvez boire ________ thé et ________ café. Ne buvez pas trop ________ lait! Vous pouvez prendre un verre ________ vin blanc par jour, mais ne buvez pas trop ________ bière. Buvez surtout ________ eau minérale. Vous avez mangé trop ________ chocolat! Ne mangez plus ________ tarte. Vous pouvez manger ________ fruits, beaucoup ________ viande et surtout ________ salade et ________ légumes. Ne mangez pas ________ œufs et ne prenez pas trop ________ sucre.

4. Manger et boire — *Testez votre vocabulaire.*

Pour boire

Pour manger

de l'eau minérale, il faut un verre à eau.

une mousse au chocolat, il faut

____

du vin, il faut

____

un bouillon de légumes, il faut

____

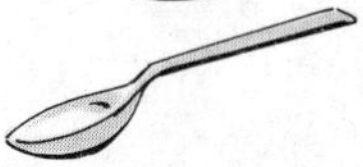

un steak garni, il faut

____

____

un café, il faut ______________________________

5. La tarte aux pommes — *Complétez par le passé composé des verbes.*

étendre — faire — faire chauffer — faire cuire — laisser reposer — mélanger — mettre (3x) — prendre

Suzanne et Michel ________________ une excellente tarte aux pommes. Ils ________ ________ 250 g de farine, 20 g de levure, 125 g de beurre, une pincée de sel, une cuillerée à soupe de sucre. Ils ________________ le tout, puis ils ________ ________ la pâte au frais. Michel ________________ le four. Suzanne ________________ la pâte avec un rouleau et ________________ 3 cuillerées à soupe de sucre sur la pâte. Puis ils ________________ les pommes. Après ils ________ ________ la tarte environ une demi-heure. Sur la tarte chaude ils ________________ quelques cuillerées de confiture d'abricots.

6. Les Clavel au restaurant

Sie haben die Fragen nur bruchstückhaft verstanden. Rekonstruieren Sie sie aus den gegebenen Antworten, und verwenden Sie dabei die Fragewörter «comment», «où», «pour qui», «qu'est-ce que» und »qui».

1. — ________________ les Clavel? ~ Au restaurant.
2. — ________________ M. Clavel ne demande pas? ~ La carte.
3. — ________________ il commande les steaks? ~ Pour Sylvia et Alain.
4. — ________________ Sylvia et Alain aiment les steaks? ~ Saignants.
5. — ________________ Monsieur Clavel commande pour sa femme? ~ Un sauté de veau.
6. — ________ paie? ~ M. Clavel.

7. Mots croisés

Horizontalement:

1. Les enfants prennent de la ... aux pommes au dessert.
2. Pour faire une omelette, il faut des ...
3. Dans les régions industrielles on trouve beaucoup d'...
4. Un poisson qui ne se trouve pas dans la mer.
5. En France, une ... de veau se mange souvent avec des spaghettis.
6. Le contraire d'un steak bien cuit.
7. La sœur de M. Dubois est la ... de ses enfants.
8. Quelle viande est plus chère que le porc et moins chère que le veau?
9. La Lorraine est une région ...
10. L'Autriche se trouve à l'... de la Suisse.
11. Quand une femme travaille, elle dépose souvent son bébé chez la ...
12. Ville au Canada.
13. Quel pays est 40 fois plus grand que la France?
14. Si l'on ne veut pas dîner seul, on ... des amis.
15. Les pays où l'on parle français sont des pays ...
16. Rotterdam est le port le plus ... des Pays-Bas.
17. La Belgique est au ... de la France.
18. L'... se trouve au sud de la Suisse.
19. Le soir on regarde souvent la ...
20. Un vin rouge.
21. D'une plage qui est très grande, on dit aussi qu'elle est ...
22. Pays d'Europe au sud-ouest de la France.
23. Nom de la cathédrale de Paris.

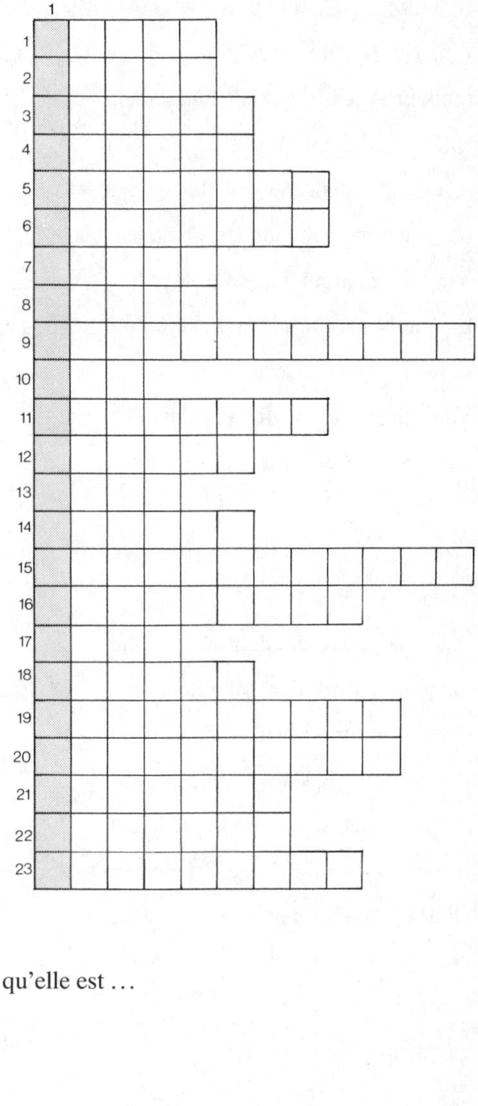

Verticalement:

1. Un proverbe (Sprichwort): ______________________________

8. Übersetzung: Sylvias Brief an eine Bekannte

Liebe Marie-Claude,
Letzten Sonntag habe ich einen schönen Abend mit Alain und seinen Eltern verbracht. Wir sind ins Restaurant gegangen. Ich habe ein Steak genommen, und als Vorspeise habe ich Spargel gegessen. Wir haben auch Wein getrunken, einen ausgezeichneten Beaujolais.
Man ißt in diesem Restaurant sehr gut, aber es ist sehr teuer.

Alain sagt, daß die deutsche Küche nichts taugt. Meiner Meinung nach übertreibt er. Auch ich mag die französische Küche lieber. Sie ist leichter, man ißt mehr Fleisch und frisches Gemüse. Aber bei uns in Deutschland ißt man nicht schlecht, und die Restaurants sind weniger teuer. Findest Du nicht?
Herzlich

Sylvia

9. « Il faut manger pour vivre ».

Les Français ont transformé ce devoir en un art. Cet art a une réputation internationale et s'appelle la cuisine française. Un repas français, c'est un événement organisé. D'abord on prend l'apéritif, un Martini, un whisky, un pastis ou un jus de tomate pour stimuler l'appétit.

Puis viennent les hors-d'œuvre, la viande, les légumes. La salade est un entracte. Après les fromages arrive la fin du repas avec le dessert.

Quand on parle de cuisine française, on parle d'harmonie. Harmonie des vins et de la nourriture par exemple. Avec les hors-d'œuvre, les poissons et les viandes blanches, on prend un vin blanc sec en général, avec la viande rouge et les fromages, on boit un bon vin rouge, et avec le dessert, on peut prendre un vin blanc doux.

Les enfants boivent du vin « baptisé » (vin et eau).

Et après le repas, c'est le traditionnel café noir.

transformer verwandeln — *l'art (m.)* Kunst — *la réputation* Ruf — *l'événement (m.)* Ereignis — *stimuler* anregen — *l'entracte (m.)* Pause (Kino/Theater) — *l'harmonie (f.)* Harmonie — *la nourriture* Essen, Nahrung — *blanc, blanche* weiß — *sec* trocken, herb — *rouge* rot — *doux* lieblich, süß.

	vrai	faux
1. D'abord on prend un whisky, un pastis ou un jus de tomate.		
2. On mange la salade avec la viande.		
3. Avec le poulet, on prend un vin blanc doux.		
4. Avec le bifteck, on boit du vin rouge.		
5. Le vin « baptisé », c'est beaucoup d'eau avec un peu de vin.		
6. On prend un café noir après le fromage.		
7. La cuisine française est un art de réputation internationale.		
8. Avec le dessert on ne prend pas de vin.		

10

1. De quelle couleur est ...? — ***Répondez.***

a) 1. De quelle couleur sont les petits pois? ____________________

2. De quelle couleur est la farine? ____________________

3. Quelle est la couleur de l'amour? ____________________

● Prenez ces couleurs verticalement; ce sont les couleurs de quel pays? ____________________

b) 1. De quelle couleur est le ciel en été sur la Côte d'Azur? ____________________

2. De quelle couleur est le lait? ____________________

3. De quelle couleur sont les tomates? ____________________

● Verticalement, vous trouvez les couleurs de quel pays? ____________________

c) 1. De quelle couleur est le charbon? ____________________

2. De quelle couleur est le beaujolais? ____________________

3. De quelle couleur sont les bananes? ____________________

● Ces couleurs sont, horizontalement, les couleurs de ____________________

d) 1. Quel est le contraire* de «blanc»? ____________________

2. De quelle couleur sont les citrons? ____________________

3. Quel est le nom de la plus célèbre place de Moscou? La Place ____________________

● Verticalement, ce sont les couleurs de quel pays? ____________________

* *le contraire* Gegenteil

2. Essayer et payer

Setzen Sie die passenden Verbformen ein.

3. Un couple* modèle

Setzen Sie die fehlenden Personalpronomen ein und ergänzen Sie die Verben in der angegebenen Reihenfolge.

inviter — offrir — préparer — déranger — remercier — acheter — faire — excuser — écouter — parler — dire — aimer.

1. Il ______________ souvent à dîner au restaurant.
2. Il ______________ des fleurs.
3. Le dimanche, il ______________ le petit déjeuner.
4. Il ne ______________ pas quand elle téléphone à son amie.
5. Il ______________ quand elle fait un bon dîner.
6. Elle ______________ souvent un livre ou un disque.
7. Elle ______________ un bon café pour le réveiller.
8. Elle ______________ quand il a oublié de faire quelque chose.
9. Elle ______________ quand il veut ______________.
10. Et surtout, elle ______________ souvent qu'elle ______________.

* *le couple* (Ehe-) Paar

4. Une paire* de bottes pour Michel — *Setzen Sie die fehlenden Personalpronomen ein und ergänzen Sie die Verben in der angegebenen Reihenfolge.*

présenter — aimer — trouver — montrer — avoir — apporter — essayer — trouver — plaire — acheter.

Madame Fabre et son fils Michel sont dans un magasin de chaussures. Ils voudraient acheter une paire de bottes noires pour Michel.

La vendeuse ______________________ quelques modèles. Michel ne ____________________ pas. Il ne ____________________ vraiment pas bien. Mais sa mère et lui ont vu des bottes « super » en vitrine. Ils ______________________ à la vendeuse. Elle ne ______________ plus en noir. Alors elle __________________________ les mêmes en marron. Michel __________________. Il __________________ très bien. Sa maman aussi. Bien sûr, elles ne sont pas noires, mais elles ______________________. Alors, ils ____________________.

* *la paire* — Paar

5. A Paris, avec des amis! — *Complétez le dialogue. Mettez les verbes aux temps qu'il faut (passé composé ou futur).*

Mlle Müller est allée à Paris avec des amis. Ils sont à Paris pour la première fois. Qu'est-ce qu'ils ont déjà vu? Et qu'est-ce qu'ils vont voir encore?

— Vous ____________________ le Louvre? ~ Oui et nous ________________________ Montmartre cet après-midi.	visiter
— Vous __________________ le marché aux Puces? ~ Oui, et maintenant on ________________ la Tour Eiffel.	voir
— Est-ce que vous __________________________ à Guy et à Véronique? ~ Non, mais nous ________________________________ à nos amis ce soir, après le dîner.	téléphoner
— Est-ce que vos amis ______________________ au théâtre hier soir? ~ Non, mais demain soir, ils ____________________ au cinéma avec nous.	aller
— Vous ________________________ les boutiques, rue Dufour? ~ Oui, hier. Et aujourd'hui, nous ____________________________ les beaux magasins, rue du Faubourg St. Honoré.	regarder

6. Dans un grand magasin

— Tu prends ce sac-là?
~ Quel sac?
— Le sac marron.
~ Oui, je le prends.

Faites des dialogues d'après l'exemple et utilisez les mots suivants.

Claudine	jupe	vert
Mme Lebrun et sa fille	chaussures	beige
Pierre	pull	gris
Michèle et Suzanne	bottes	noir

1. — Claudine, tu ______________________________?
~ ______________________________?
— ______________________________.
~ ______________________________.

2. — Mesdames, vous ______________________________?
~ ______________________________?
— ______________________________.
~ ______________________________.

3. — Pierre, ______________________________?
~ ______________________________?
— ______________________________.
~ ______________________________.

4. — Michèle et Suzanne, ______________________________?
~ ______________________________?
— ______________________________.
~ ______________________________.

7. Tenez, voilà 1000 F.

Vous voulez offrir quelque chose à votre père/mère, à votre/vos amie(s), ami(s), frère(s), sœur(s) etc. Qu'est-ce que vous lui/leur achetez ?

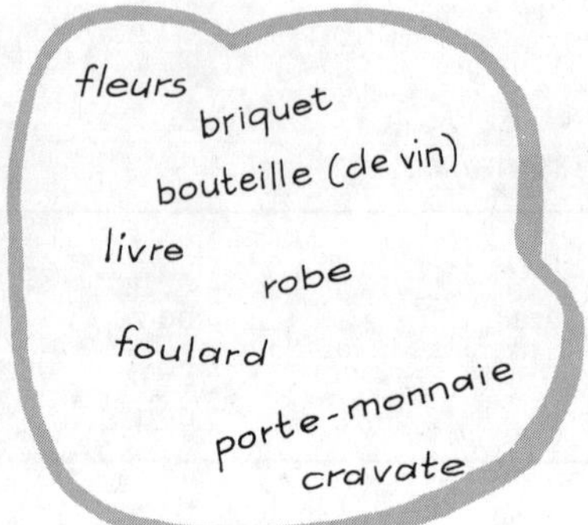

~ Qu'est-ce que vous offrez/achetez …

1. à votre mère ? — Je lui achète des fleurs.
2. à vos amis ? — Je offre
3. __________ ? — ____________________
4. __________ ? — ____________________
5. __________ ? — ____________________
6. __________ ? — ____________________
7. __________ ? — ____________________
8. __________ ? — ____________________

8. Dans une boutique — *Complétez par « qui » ou « que ».*

Vendeuse : Voilà une robe ________ est vraiment très jolie.

Cliente : Oui, mais c'est une couleur ________ je n'aime pas tellement.

Vendeuse : Mais vous savez, c'est un modèle ________ on peut porter avec tout ; et puis c'est un style ________ vous va très bien. Vous ne trouvez pas ?

Cliente : Non, je préfère cet ensemble rose, c'est une couleur ________ me plaît beaucoup. Il coûte combien ?

9. Mode masculine — *Übersetzen Sie nachstehenden Werbetext für eine deutsche Zeitschrift.*

10. Übersetzung: Der frustrierte Verkäufer

Eine Frau hat das Geschäft betreten. Sie möchte ein Kleid kaufen. Sie sucht etwas Besonderes.

Ich zeige ihr alle unsere Modelle in ihrer Größe. Sie betrachtet sie alle, und schließlich gefällt ihr das erste. Sie probiert es an. Das Kleid ist wirklich hübsch, es ist gut geschnitten, und auch die Farbe steht ihr gut. Die Kundin mag dieses Kleid sehr, aber kauft es nicht. Es ist zu teuer. Ich empfehle ihr ein anderes Modell. Sie will es nicht probieren.

Jetzt möchte sie Blusen sehen. Sie hat eine braune Hose, und sie sucht eine passende* Bluse. Nun, ich empfehle ihr ein Modell in beiger Baumwolle. Beige ist eine Farbe, die zu allem paßt. Aber sie zieht eine rostrote Bluse vor. Sie probiert sie an und findet, daß sie ihr gut steht. Ich denke, daß sie schließlich zufrieden ist. Aber sie nimmt sie nicht. Und warum nicht? Sie hat die Hose zuhause vergessen ...

* *assorti*

11. La mode en France

Dior, Chanel, Cardin, Yves Saint-Laurent ... Tous ces noms de la haute couture ont fait une réputation internationale à la mode française.
Dans un pays où l'on fait très attention à la présentation, la mode joue un rôle très important. Les grands couturiers présentent leurs collections d'été et leurs collections d'hiver. Puis on trouve les grandes lignes de cette mode nouvelle dans la confection (c'est à dire dans la production de masse des vêtements par l'industrie textile.)
Mais le Français veut aussi être à la mode quand il choisit le restaurant où il va dîner ou le film qu'il va voir, quand il achète une voiture, quand il choisit un endroit où passer les vacances; même quand il parle, il choisit des « mots à la mode » ! Est-ce un paradoxe dans la personnalité française? Les Français ont la réputation d'être individualistes de tempérament. Est-ce qu'ils sont aussi conformistes?

la réputation Ruf — *faire attention* achten — *jouer un rôle* eine Rolle spielen — *la présentation* Aufmachung — *jouer* spielen — *l'hiver (m.)* Winter — *la ligne* Linie — *le vêtement* Kleidungsstück — *choisir* aussuchen, wählen.

	vrai	faux
1. En France, on fait très attention à la présentation.		
2. La mode ne joue pas un rôle très important.		
3. Les vêtements de confection sont faits par les grands couturiers.		
4. Les grands couturiers présentent leurs collections une fois par an.		
5. Les hommes français ne s'intéressent pas à la mode.		
6. Choisir un endroit où passer les vacances est une question de mode.		
7. Le Français choisit une belle salle de cinéma, le film n'est pas important pour lui.		
8. Il a la réputation d'être individualiste.		

11

1. Où est-ce qu'ils vont en vacances et pourquoi? — *Complétez.*

1. M. Letellier va ______ Danemark parce qu'il ______________ par un bon ami. — être invité
2. Les Müller partent ______________ Pyrénées parce qu'ils ______________ une grande maison. — avoir
3. Mlle Xavier et son amie passent deux semaines ______________ Massif Central. Elles ______________ des vieilles églises. — visiter
4. Mme Lebrun va ______ Corse. Elle ______________ son frère et sa femme. — rencontrer
5. Les enfants vont ______ la Côte d'Azur parce qu'ils ______________ beaucoup de gens. — connaître

2. Dans un camping — *D'où viennent tous ces gens?*

I E DK CH A CDN F

1. Mme Wagner-Dubois habite à Marseille. Elle est Française. Son mari est de Trèves. Il est Allemand. Leurs enfants parlent français et allemand. Sur leur voiture il y a un F.
____
2. Señor Lorca habite à Barcelone. Il ______________. Sa femme ______________ Londres. ______________
____
______________ ______________

3. Signor Veneto habite à Rome. Il ____________ Sa ____________
Lisbonne. ____________

____

____

____

____

4. Patricia Kromsky-Lenoir habite à Montréal. Elle ____________ Son
____________ Petersburg. ____________

____

____

____

____

5. Keld Tjenbo habite à Kopenhagen. Il ____________ Sa ____________
____________ Rotterdam. ____________

____

____

____

____

6. Mme Fong-Schwarzenberg habite à Vienne. Elle ____________ Son
____________ Hongkong. ____________

____

____

____

____

7. Mme Leclerc habite à Bâle. Elle ____________ Son ____________
Liège. ____________

____

____

____

3. Anne et Claire veulent faire une tarte aux abricots. Qu'est-ce qu'il faut acheter encore ?

Formez des questions et réponses d'après l'exemple donné.

1. — Est-ce qu'il y a encore de la farine?

   ~ Oui, il y en a encore un paquet.

2. — Et du sucre?

   ~ ____________________

3. — Et ____________________

   ~ ____________________

4. — Et ____________________

   ~ ____________________

5. — Et ____________________

   ~ ____________________

6. — Et ____________________

   ~ ____________________

7. — Et ____________________

   ~ ____________________

4. Quel choc!

Vous écrivez à votre ami et vous lui racontez votre accident. — *Complétez par « tout », « tous » ou « toute(s) ».*

Depuis trois ans, je prends la même route ________ les matins. Je connais ________ les panneaux, ________ les feux rouges. Il y a souvent des bouchons surtout à cause de ________ les personnes qui se lèvent à la dernière minute.

Alors moi, comme d'habitude, je tourne à droite après le feu, tu sais là où ________ le monde suit la flèche, et tout à coup, ________ la route est bloquée. Il y a un piéton qui traverse. Alors je freine. Mais le conducteur derrière moi dort encore. Il ne s'arrête pas. Paaf! Il me rentre dedans.* Enfin, ________ est bien qui finit bien, personne n'est blessé,** et puis je ne suis pas en tort!

* *rentrer dedans* reinfahren — ** *blesser* verletzen

5. Rébus

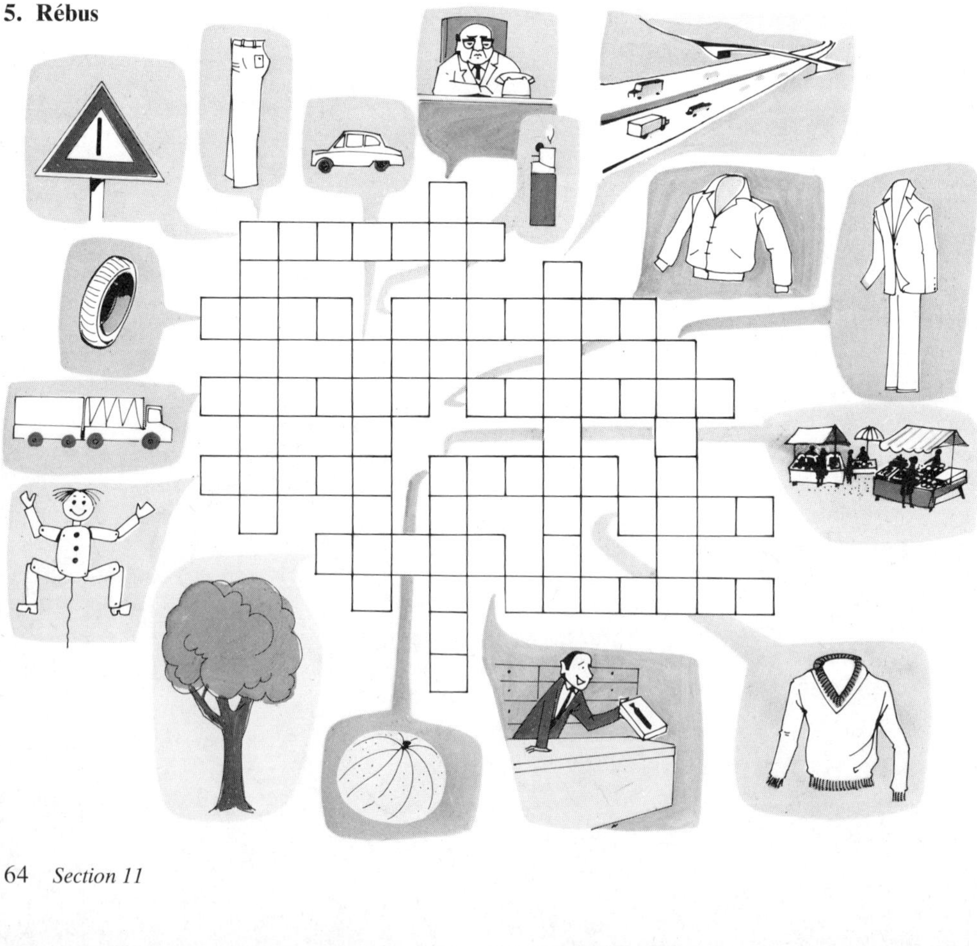

6. Fin de journée

Ils ont beaucoup travaillé. Qu'est-ce qu'ils ont fait quand ils sont rentrés chez eux?

Mettez les verbes au passé composé.

1. Monsieur Toussaint ______________ tôt.	se coucher
2. Pierre et Monique ______________ et ont regardé un film à la télé.	se reposer
3. Brigitte et Jacqueline ______________ en ville pour aller au cinéma.	se rencontrer
4. — Et toi Marie, tu ______________ aussi?	se reposer
5. ~ Oui, ______________ et j'ai lu le journal.	se coucher

7. Voiture à vendre

Un monsieur veut vendre sa voiture. Il a mis une annonce dans le journal. Vous êtes intéressé(e) par son offre et vous lui posez quelques questions.*

— Bonjour Monsieur. Je vous téléphone au sujet de** votre annonce.

____?

~ C'est une R 16.

— ____?

~ 2000 F.

— ____?

~ Depuis 5 ans.

— ____?

~ Verte.

— ____?

~ Presque 100000.

— ____?

~ Vous pouvez venir ce soir, si vous voulez.

* *vendre* verkaufen

** *au sujet de* wegen, betreffend

8. Qui conduit quelle voiture?

Traduisez et complétez.

1. M. Lepetit, Bankdirektor, 48 Jahre, mag große, bequeme Autos. Seine Frau hat auch einen Wagen. Sie wohnen in einem schönen Haus.
   M. Lepetit fährt …

1. ______________________________

2. M. Mathieu ist 41 Jahre alt und Angestellter bei der SNCF. Seine Frau ist Verkäuferin. Ihr Sohn ist 11 Jahre alt und geht ins Gymnasium. Die kleine Tochter geht in den Kindergarten. Die Mathieus haben einen …

2. ______________________________

3. Mlle Etier ist Studentin. In den Ferien hat sie gearbeitet. Sie will einen Gebrauchtwagen kaufen. Sie möchte gern einen …

3. ______________________________

4. M. Toussaint, Architekt, 33 Jahre, lebt allein in einer sehr modernen Wohnung. Er fährt gern schnell. Er fährt ein teures Auto, einen …

4. ______________________________

9. Les autoroutes françaises

Il y a, en France, 290.000 km de routes départementales, 84.000 km de routes nationales et 5.100 km d'autoroutes. Les huit grandes autoroutes sont toutes à péages, ce qui veut dire que, quand on les prend, il faut payer.

Leurs noms? Les voici:

— autoroute du Nord: Paris—Lille
— autoroute de l'Est: Paris—Strasbourg
— autoroute du Soleil: Paris—Lyon—Marseille
— la Provençale: Aix—Nice
— la Languedocienne: Orange—Le Perthus
— l'Aquitaine: Paris—Bordeaux
— l'Océane: Paris—Nantes
— autoroute de Normandie: Paris—Caen

Est-ce que cela revient cher de rouler sur ces autoroutes?

Eh bien, cela dépend, bien sûr, de l'autoroute que vous voulez prendre et du nombre de kilomètres que vous avez à faire.

Prenons un exemple. Si vous allez de Lyon à Nice, cela vous revient à 60,50 F pour une distance de 440 km. Ce n'est donc pas très bon marché. Alors, beaucoup de Français préfèrent ne pas prendre l'autoroute quand, par exemple, ils descendent sur la Côte d'Azur pendant les vacances. Ils passent par la Nationale 7 ou encore par la Route Napoléon, qui traverse les Alpes.

Est-ce qu'il est agréable de rouler sur les autoroutes françaises?

Oui, pendant la semaine, sauf, bien sûr, le soir, entre cinq et sept. Non, pendant le week-end et pendant les grandes vacances: il y a alors beaucoup de circulation. Souvent, il faut rouler à 30 kilomètres à l'heure, parce qu'il y a un «bouchon». Au bord des autoroutes françaises, on trouve des aires de repos. On trouve aussi des aires dites «de service». Dans ces dernières, il y a des stations-service, des cafétérias et des motels.

Pour les pannes et les accidents, on a prévu des postes téléphoniques de secours. Vous avez ainsi la possibilité d'appeler les services de police. Enfin, sur les autoroutes françaises, la vitesse est limitée à 130 km/h. Elle est limitée à 90 km/h sur les autres routes, à 60 km/h dans les villes et dans les villages. Attention aux contraventions!

la route départementale Straße, die vom «département» (franz. Verwaltungsbezirk) unterhalten wird — *revenir à 100 F* 100 F kosten — *agréable* angenehm — *sauf* außer — *la circulation* Verkehr — *l'aire de repos* Rastplatz — *prévoir* vorsehen — *le poste téléphonique de secours* Notrufsäule — *la possibilité* Möglichkeit — *la contravention* Bußgeld.

	vrai	faux
1. Les 8 grandes autoroutes françaises sont toutes à péage.		
2. Il y a 6 autoroutes qui partent de Paris.		
3. Quand on prend une autoroute à péage, la somme à payer dépend seulement du nombre de kilomètres qu'on a à faire.		
4. Il est toujours agréable de rouler sur les autoroutes.		
5. Il y a des cafétérias dans les aires de repos.		
6. Les autoroutes françaises sont bon marché.		
7. En France, la vitesse est limitée à 50 km/h dans les villes.		
8. La vitesse n'est pas limitée sur les autoroutes françaises.		

12

1. Il va . . . / Il vient de . . .

— Vous avez déjà dicté la lettre?	
~ Non, je vais la dicter plus tard.	dicter
— Est-ce que vous avez répondu à M. Leval?	
~ Oui, je viens de lui téléphoner.	téléphoner

Continuez.

1. — Marie-Claire a fait les courses?	
~ Oui, ______ il y a 10 minutes.	rentrer
2. — Est-ce que M. Aubois a pris le train de $10^{h}30$?	
~ Non, ______ l'avion.	prendre
3. — Est-ce que Mme Lebrun est à la maison?	
~ Non, elle ______	sortir
4. — Les enfants sont à l'école?	
~ Oui. Ils ______ dans une demi-heure.	rentrer
5. — Brigitte a lu le journal?	
~ Non, elle ______ après le déjeuner.	lire
6. — Les Neveu ont vu le dernier film de Chabrol?	
~ Non, mais ils ______ demain.	voir
7. — Est-ce que Pierre a téléphoné à son père?	
~ Oui, il ______	faire
8. — Patrick a déjà parlé à Monique?	
~ Non, mais ______ une lettre demain matin.	écrire

2. Les mois, les saisons — *Complétez.*

1. Janvier est le ______________ mois de l'année.
2. Et quand commence le printemps? ______________________________
3. Beaucoup d'étrangers viennent à Paris _________ printemps. Mais il y a aussi beaucoup de touristes en France _________ été et _________ automne.
4. Presque tous les Français partent en vacances ______________________________ juillet et ______________________________ août.
5. L'été commence ________________________
6. ______ Noël, les enfants sont en vacances.
7. Décembre est le ______________ mois de l'année.

3. Au syndicat d'initiative — *Vous répondez aux questions.*

Est-ce qu'il y a	1. des cafés au bord du lac?	4
	2. un château	—
	3. une piscine?	1 avec 8 bassins!
	4. des bons restaurants	6
	5. une école de voile?	1
	6. un supermarché?	—
	7. un marché?	1 tous les vendredis
	8. un coiffeur?	1
	9. un cinéma?	—
	10. une poste	1

1. Oui, il y en a quatre.
2. Non,
3. ______________________________
4. ______________________________
5. ______________________________
6. ______________________________
7. ______________________________
8. ______________________________
9. ______________________________
10. ______________________________

4. Vacances actives

Vacances actives

Activités

Villes										
Megève	●	●	●	●		●	●			●
La Baule	●	●	●	●	●	●		●		●
Sète	●	●			●			●		●
Vichy	●	●	●	●	●	●		●	●	●

Légende: le volley, le tennis, le golf, le golf miniature, l'équitation, les promenades, l'alpinisme, la voile, le canotage, la natation

Complétez.

1. A Megève, on peut faire du volley, du tennis, du golf,

   et ______

   Mais on ne peut pas faire d'équitation, pas de voile, pas de

2. A La Baule, ______

   Mais ______

3. A Sète, ______

4. A Vichy, ____

____

____

____

____

____

5. En vacances

A la plage Mme R. a fait la connaissance d'un couple. Plus tard, à l'hôtel, elle en parle avec son mari. Il lui pose des questions sur:*

le nom de la famille	*M. R:*	______________________________?
	Mme R:	Ferber.
la ville où ils habitent	*M. R:*	______________________________?
	Mme R:	De Lyon.
la date de leur arrivée	*M. R:*	______________________________
		______________________________?
	Mme R:	Le premier août.
la durée de leurs vacances	*M. R:*	______________________________
		______________________________?
	Mme R:	Jusqu'au trente et un.
leur logement	*M. R:*	______________________________
		______________________________?
	Mme R:	A l'hôtel Lion.
leur programme pour demain	*M. R:*	______________________________
		______________________________?
	Mme R:	Demain? Ils veulent aller à la piscine et ils nous ont demandé de venir avec eux.
	M. R:	Pourquoi pas? C'est une bonne idée!

* *le couple* (Ehe)Paar

6. Le produit national brut* par habitant en francs français

Comparez. Ecrivez les nombres ordinaux.

1. Les Etats-Unis occupent la ________________ place.**

2. Le Canada est _________ riche _______ les Etats-Unis. Il occupe la ______________ place.

3. L'Allemagne ______________________________ Suisse et occupe ______________ ____

4. Et quelle place occupe la France? La ___________________________ Elle _______ ___________ riche _____________ Danemark et __________ riche ____________ Belgique.

5. Et les Pays-Bas? Ils occupent la _______________ place.

6. L'Autriche occupe la _____________________ place, et l'Italie la ________________ place.

* *le produit national brut* Bruttosozialprodukt

** *occuper une place* einen Platz einnehmen

7. Aux sports d'hiver en France

Übersetzen Sie (so genau wie möglich und so frei wie nötig) diese französische Werbung für eine deutsche Urlaubszeitschrift.

8. Vacances d'hiver en Allemagne

Übersetzen Sie folgenden Werbetext der DB für eine französische Zeitung.

DB  **Winterurlaub**

Aufenthalt* — 1 Woche

BAYERISCHZELL	1.215 F	OBERSTDORF	1.035 F
MITTENWALD	1.375 F	KLEINWALSERTAL	1.100 F

Rundreisen (Zimmer + Frühstück) — 8 Tage

AUGSBURG — MÜNCHEN — NÜRNBERG	1.155 F
HAMBURG — BERLIN	1.530 F

DEUTSCHE BUNDESBAHN — 75009 Paris, rue Condorcet 24

NAME ____________________

STRASSE ____________________

WOHNORT ____________________

** le séjour*

9. A quand le tourisme de masse?

34 ans après l'avènement des congés payés, seulement la moitié des Français partent en vacances. Sur ce chiffre environ 40% partent chez des amis ou des parents. Pourquoi? La réponse est très simple: les vacances sont souvent trop chères.
Le prix d'une maison de vacances est, en 1968, d'environ 64 F pour une famille de 3 enfants. Pour un mois ça fait ... 1920 F! C'est assez loin de la réalité. Il ne faut pas oublier que ces chiffres ne comprennent pas les prix des voyages, des loisirs, des vêtements, des livres, etc.
Pour aller aux sports d'hiver, il faut pouvoir couper ses vacances en deux et puis il faut aussi pouvoir payer le séjour. Il y a en France 1500000 skieurs au maximum: cela ne fait que 2,4% des Français.
Pourtant le nombre des Français qui skient augmente régulièrement de 10 à 15% par an parce qu'on a commencé à faire des efforts sérieux. L'association V.V.F. (Village — Vacances — Familles) par exemple, offre des séjours de neige à des prix raisonnables.
Nous sommes pourtant encore loin du tourisme de masse!

l'avènement (m.) hier: Einführung — *les congés payés* bezahlter Urlaub — *le loisir* Freizeit(beschäftigung) — *le vêtement* Kleidungsstück — *le livre* Buch — *les sports d'hiver* Wintersport — *couper* schneiden — *le séjour* Aufenthalt — *pourtant* jedoch — *augmenter* steigen — *régulièrement* regelmäßig — *l'effort* Bemühung — *sérieux* ernst — *offrir* (an)bieten — *la neige* Schnee — *raisonnable* vernünftig.

	vrai	faux
1. 34 ans après l'avènement des congés payés, un Français sur deux part en vacances.		
2. 40% des vacanciers français louent une maison.		
3. Beaucoup de Français passent leurs vacances chez des amis ou des parents parce que c'est moins cher.		
4. Dans le prix de la maison de vacances, les voyages et les loisirs sont compris.		
5. De moins en moins de Français partent aux sports d'hiver.		
6. Les gens qui vont aux sports d'hiver ne prennent pas de vacances en été.		
7. L'association V.V.F. a fait des efforts pour offrir des vacances pas trop chères.		
8. En France, les sports d'hiver font partie du tourisme de masse.		

13

1. Est-ce que vous connaissez votre corps?

Complétez.

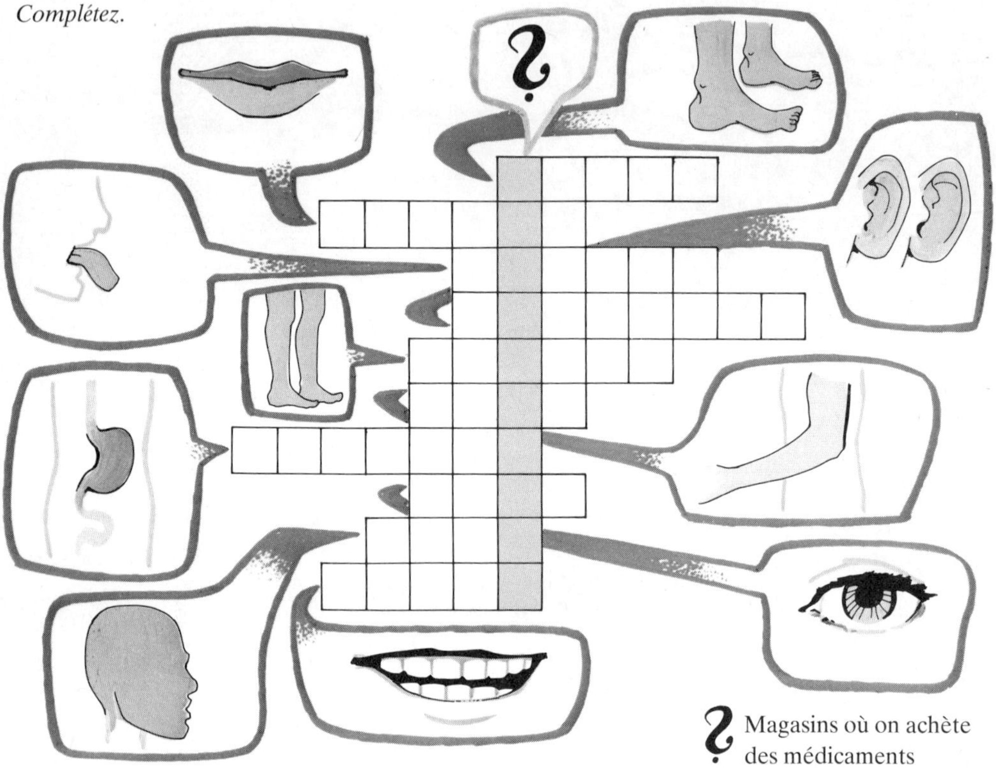

? Magasins où on achète des médicaments

2. Claude, le frère de Mathilde, est vraiment drôle; il est tout le contraire* de sa sœur!

Complétez par le verbe et « ne ... rien » ou « ne ... personne ».

1. Mathilde va chez ses amis, mais Claude ne va voir personne.
2. Elle invite tout le monde; son frère __________
3. Elle s'intéresse à tout; il __________
4. Elle parle aux gens; Claude __________
5. Elle lit les journaux; il __________
6. Elle pense à tout; il __________
7. Elle fait les courses, le ménage, la cuisine; il __________

* *le contraire* Gegenteil

3. « Qui » ou « que » ? — *Complétez.*

1. — ________ est cette dame ?
   ∼ C'est la jeune fille ________ a téléphoné hier.
2. — Tu connais le garçon ________ vient de téléphoner à Jean ?
   ∼ Oui, c'est Pierre, le jeune homme ________ nous avons rencontré au cinéma.
3. — Tu me montres le livre ________ tu viens de lire ?
   ∼ Oui, c'est un roman ________ m'a beaucoup plu.
4. — Voilà le disque ________ j'ai acheté.
   ∼ Ah, c'est une chanson ________ j'aime beaucoup.
5. — Tu connais la fille ________ regarde la vitrine de la boutique ?
   ∼ Oui, c'est la fille ________ est venue chez Nicole dimanche dernier.
6. — Tu me passes* le journal ________ tu viens d'acheter ?
   ∼ Non, mais tu peux avoir la revue** ________ est dans ma chambre, si tu veux.

* *passer* reichen, geben

** *la revue* Zeitschrift

4. Trouvez le mot juste !

Welches Wort hat die gleiche Aussprache wie das schräggedruckte, aber eine andere Schreibweise ?

1. Il *faut* partir bientôt.
   Ce mot est ________.
2. Elle préfère un manteau *vert.*
   Il prend un ________ de rouge.
3. Il n'y a plus de *pain.*
   Cet arbre est un ________.
4. En Bretagne, il y a des vieux *ports* de pêche.
   Je n'aime pas la viande de ________.
5. J'ai la clé *dans* mon sac.
   Les petits enfants n'ont pas encore de ________.
6. A la *fin* du repas les Français boivent un café.
   Jean a toujours ________ quand il rentre de l'école.
7. Maintenant la *mère* de M. Legrand ne fait plus de voyages.
   Mais avant, elle allait souvent à la ________.
8. *Vos* repas sont excellents.
   Hier j'ai mangé une escalope de ________.

5. qui? — qu'est-ce que? — qu'est-ce qui?

Faites des questions avec les éléments suivants.

sujet	verbe	objet
1. tu	prendre	
2.	intéresser	vous
3. ils	faire	
4.	se sentir mal	
5. il	faut prendre	

sujet	verbe	objet
6.	ne pas aller	
7.	avoir	de la fièvre
8.	vouloir	un jus d'orange
9.	avoir changé	
10. vous	chercher	

1. — Qu'est-ce que tu prends?
~ Un chocolat.

2. — ______________________________
____
~ Surtout la politique.

3. — ______________________________
______________________________?
~ Ils lavent la voiture.

4. — ______________________________
______________________________?
~ Ma sœur.

5. — ______________________________
______________________________?
~ De l'aspirine.

6. — ______________________________
______________________________?
~ J'ai mal à la gorge.

7. — ______________________________
______________________________?
~ C'est mon frère.

8. — ______________________________
______________________________?
~ Virginie.

9. — ______________________________
______________________________?
~ Les temps ont changé.

10. — ______________________________
______________________________?
~ Nous cherchons la clé.

6. Madame Ferber a 85 ans.

Mme Ferber feiert ihren 85. Geburtstag. *Ein Reporter der Lokalpresse stellt ihr Fragen.*

1. — Vous allez encore en ville?
~ Non, je n'y vais plus.
~ Mais autrefois j'y allais souvent.

2. — Vous faites encore des voyages?

~ Non, ____.

~ Mais autrefois __________________________ beaucoup.

3. — Vous allez encore au théâtre?

~ Oui, mais ______________________ seulement une fois par mois.

~ Autrefois ___________________________ très souvent.

4. — Vous sortez encore?

~ Non, _______________________________________.

Mais autrefois ________________________ souvent.

5. — Vous invitez encore des amis?

~ Oui, __________________________ souvent.

Mais autrefois ____________________________ bien plus souvent.

6. — Vous vivez seule?

~ Oui, maintenant __________________ seule.

Autrefois _______________________ avec mon mari et les enfants.

7. Quelle est la forme des verbes?

Complétez.

présent	passé composé	imparfait
1. tu es		
2.	elles ont fait	
3.		je disais
4. nous nous arrêtons		
5.	il a pris	
6.		j'allais
7.		elle connaissait
8. tu mets		
9.		nous pouvions
10.		elle partait

8. Übersetzung: Fortsetzung eines Briefes von Frau Clavel an ihre Mutter
(siehe Testblock 4, Testaufgabe 5)

... Sylvia ist die neue Freundin von Alain. Sie ist Deutsche und kommt aus Nürnberg. Ich muß sagen, daß ich sie sehr nett* finde.
Ich mache mir viel Sorgen wegen Deiner Augen und wegen des Beins von Papa. Auch ich bedaure den Tod von Herrn Damcourt. Er war sehr nett, und er erzählte uns oft interessante Geschichten. Er war wirklich ein sehr guter Freund der Familie.
Liebe Mama, in der Nähe von Paris gibt es Altersheime, wo man seine Möbel behalten kann. Ich kenne z. B. eines in Enghien-les-Bains. Das ist nicht weit von unserer Wohnung. Weißt Du, wir können nicht zu oft nach Caen fahren, weil wir viel Arbeit haben.
Ich werde ein Altersheim für Euch suchen. Einverstanden?
Nun schließe ich, weil es Zeit ist einkaufen zu gehen. Ich umarme Dich und hoffe, bald wieder von Dir zu hören.

(Deine) Simone

* *sympathique*

9. Le problème de la solitude

Il y a à Paris, la nuit, des petites voitures qui passent par des rues éclairées ou désertes ; et dedans, un jeune médecin qu'on appelle par téléphone en cas d'urgence. C'est le fameux S.O.S. Médecin, POR 77.77 ou 707.77.77.
L'autre soir, à 9 heures, j'en ai appelé un et un peu gênée de l'avoir dérangé pour si peu de chose, je lui ai offert quelque chose à boire. Alors, il m'a parlé de sa vie.
Cet homme travaille de 6 heures du soir à 6 heures du matin. De 6 heures à 8 heures du soir, il est débordé. Les gens rentrent de leur travail, ils sont fatigués, leur estomac leur a fait mal toute la journée, ou leur enfant a mangé une boîte d'insecticide. De 8 heures à 11 heures, il y a très peu à faire : la télévision marche. Toute la ville est assise devant la télé et n'a pas le temps de souffrir. A 11 heures, avec la fin des émissions, la douleur — physique ou morale — se réveille. Et jusqu'à 6 heures du matin le médecin court d'une rue à l'autre. Les habitants de cette fameuse ville sont seuls, seuls avec leur plus grand problème : la solitude.
Au moins une fois par nuit, le médecin est appelé par un homme ou une femme qui lui dit : Je n'ai rien, je n'ai besoin ni de gouttes, ni de piqûres, ni de médicaments. J'ai besoin de parler.

D'après *Françoise Sagan.*

éclairé beleuchtet — *désert* verlassen — *le cas d'urgence* Notfall — *fameux* berühmt — *gêné* verlegen — *offrir* anbieten — *débordé* — überlastet — *fatigué* müde — *la boîte* Schachtel, Dose — *l'insecticide (m.)* Insektenpulver — *être assis* sitzen — *souffrir* leiden — *l'émission (f.)* Sendung — *la douleur* Schmerz — *courir* rennen — *avoir besoin de* brauchen — *ni ... ni ...* weder ... noch — *la goutte* Tropfen — *la piqûre Spritze.*

	vrai	faux
1. En cas d'urgence, on peut toujours appeler le numéro 707.77.77.		
2. Un médecin de SOS travaille pendant 10 heures toutes les nuits.		
3. Il est débordé le matin quand les gens se réveillent.		
4. De 8 à 11 heures du soir, il y a peu à faire.		
5. Les gens appellent seulement le médecin quand ils sont malades.		
6. Au moins une fois par semaine, le médecin est appelé par une personne seule.		
7. Le plus grand problème des gens, c'est la solitude.		
8. Souvent le médecin est appelé par des personnes qui veulent seulement lui parler.		

14

1. Quel est le contraire* de …?

1. l'arrivée	______	2. monter	______
l'entrée	______	partir	______
le jour	______	se coucher	______
la mort	______	commencer	______
la santé	______	prendre	______
3. étroit	______	4. devant	______
faux	______	beaucoup	______
cher	______	après	______
riche	______	toujours	______
âgé	______	rien	______

* *le contraire* — Gegenteil

2. Rien n'est parfait.

Marie voulait venir à neuf heures,
mais elle n'est venue qu'à dix heures.

— Jean a fait toutes les courses?
~ Non, il n'a acheté que la viande.

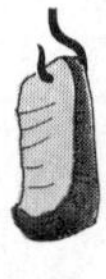

Complétez les phrases d'après ces exemples.

1. — Tu as touché beaucoup d'argent?
   ~ Non, ______.

2. — Le petit a fait tous ses devoirs?
   ~ Non, ______.

3. Les enfants voulaient se lever à sept heures, mais
   ______.

4. — Vous avez tout trouvé chez « Dorothée » ?

   ~ Non, ______________________________________ .

5. Pierre voulait téléphoner à quatre heures, mais

   ____ .

6. — Gisèle en a parlé à ses parents ?

   ~ Non, ____ .

7. Luc et Claudine voulaient déjà partir samedi, mais

   ____ .

3. Voilà les Martiens !

Des Martiens (des habitants de la planète Mars) sont arrivés près de Lille en soucoupe volante.* Pour l'instant, ils n'ont pas quitté leur soucoupe.

Complétez par « ce qui » ou « ce que ».

On se demande …

1. ____________ se passe** dans ce véhicule.***
2. ____________ on y trouve.
3. ____________ les Martiens parlent comme langue.
4. ____________ les intéresse.
5. ____________ ils mangent.
6. ____________ leur plaît et ____________ ne leur plaît pas.
7. ____________ ils sont venus faire ici.

* *la soucoupe volante* fliegende Untertasse

** *se passer* vor sich gehen, passieren

*** *le véhicule* Fahrzeug

4. Un vieux médecin en retraite nous parle de sa vie professionnelle.

Complétez. Mettez les verbes à l'imparfait.
appeler — pouvoir — avoir — arriver — être — attendre — parler — soigner — faire — rentrer — déjeuner — commencer — être — prendre — partir — voir — être

En géneral, on m'________________ pendant la nuit.

Il fallait* toujours aller voir le malade parce que je ne ________________ jamais savoir s'il n' ____________ pas quelque chose de grave. D'habitude j' ______________ au cabinet à huit heures. Les malades ______________ déjà là et m' ________________. Ils me ______________ de leurs maladies. Je les ________________ et je leur ______________ des ordonnances. Vers une heure, je ______________ chez moi et je ________________. Et puis, la consultation** de l'après-midi ________________. Vers dix-huit heures, le travail au cabinet ____________ fini, je ______________ une tasse de café et je ______________ de chez moi pour faire les visites à domicile.*** Je ______________ environ trente malades par jour. Ce n' ____________ vraiment pas une vie! Maintenant je suis en retraite, et j'ai le temps de lire, de me promener, de vivre!

* *il fallait* imparfait von *il faut* — ** *la consultation* Sprechstunde; Untersuchung — *** *la visite à domicile* Hausbesuch

5. Paris et sa banlieue

Faites l'accord des adjectifs et mettez-les à la bonne place.

La France connaît le problème de la centralisation. Il y a de plus en plus de ________________________ dans les environs de Paris. Ces villes-« champignon » sont souvent des ________________ où on trouve des ______________________ avec un ______________________________. On y voit aussi souvent des ___________________________ et quelquefois des ______________________ et ______________. Il y a des ______________________________________, mais les gens qui travaillent à Paris ont des ____________________________ à faire deux fois par jour et beaucoup d'entre eux aimeraient mieux vivre dans une ______________________ de province. Mais le marché du travail ne leur laisse pas toujours le choix.*

nom	adjectif
ville	nouveau
cité	grand
HLM	énorme
centre	commercial
école	moderne
centre	sportif, culturel
logement	bon marché
transport	long
ville	petit

* *le choix* Wahl, Auswahl

6. On aimerait tellement faire ce qui est défendu* …

Mais qu'est-ce qu'ils aimeraient/voudraient faire?

1. Maman aimerait manger ____ un steak.
2. ____ un whisky.
3. ____ une cigarette.
4. ____ jouer au tennis.
5. ____ se lever.
6. ____ dans les Alpes.
7. ____ à Cannes.

* *défendu* verboten

7. Mots croisés

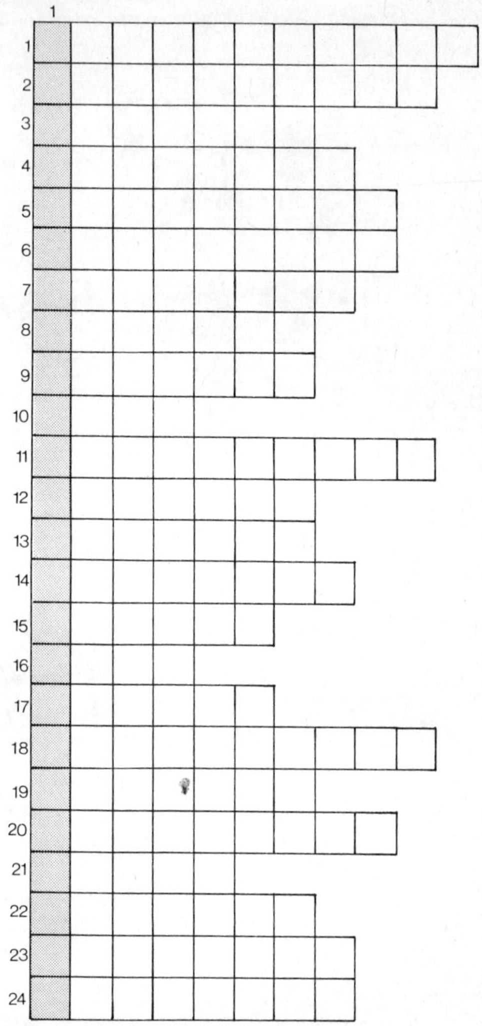

Horizontalement:

1. Les familles qui ont des enfants touchent des ... familiales.
2. La Sorbonne est une ... très connue dans le monde.
3. Les conditions de ... sont meilleures qu'autrefois.
4. Quand je veux payer au restaurant, je demande l' ...
5. Les gens apprennent les ... par la radio, la télé et les journaux!
6. Pour beaucoup de gens, la voiture est un simple moyen de ...
7. Il ne faut pas ... une ligne continue.
8. En France, les ... ne vont pas à l'école le mercredi.
9. Pour ... un eurochèque, il faut aller à la banque.
10. Pour faire un grand voyage, il faut ... en bonne santé.
11. Il y a des gens qui regardent la ... tous les soirs.
12. Aujourd'hui, beaucoup de gens qui ont une formation ne trouvent pas d' ... .
13. Pour leur travail, les ouvriers et les employés touchent un ... mensuel.
14. M. Ferber a eu un ... parce qu'il n'a pas fait attention à la priorité.
15. Dans un cas ... il faut appeler le médecin même la nuit.
16. — Je regrette, vous avez dépassé la ligne continue, vous êtes en ... !
17. Il ne faut pas boire trop d' ... quand on prend le volant.
18. En France, la limitation de vitesse est de 90 km/h sur les routes ... !
19. La Comédie française est un ... national.
20. Il est très ... de rouler sans phares la nuit.
21. L' ... de police règle la circulation. On l'appelle aussi « flic ».
22. En France, la ... est limitée à 60 km/h en ville.
23. Pour passer la frontière, il faut un passeport ou une carte d' ... .
24. Je garde un très bon ... de mon dernier voyage dans le Midi.

Verticalement:

1. 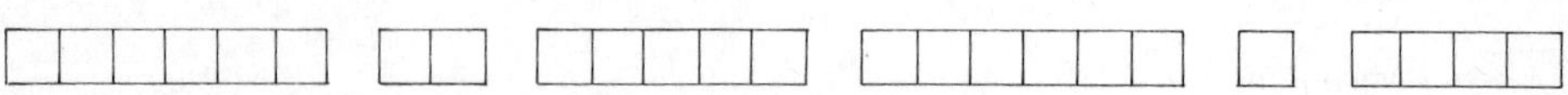

8. Une offre d'emploi

Übersetzen Sie die Annonce.

Importante société industrielle en pleine expansion
Paris banlieue Est

recherche

SECRÉTAIRE DE DIRECTION

- bilingue français-allemand
- langue maternelle allemande
- espagnol souhaité
- expérience service exportation
- sens responsabilités

Écrire sous n° 55.762 Régie-Presse 85 bis, rue Réaumur, 75002 Paris

Verfassen Sie nun ein Bewerbungsschreiben.

9. Übersetzung: Petra Marweins Brief an eine Sprachenschule in Frankreich

Berlin, den 9. April 19..

Sehr geehrte Herren,

ich habe Ihre Anzeige in der FAZ vom 22. dieses Monats gelesen. Ich interessiere mich für Ihre Sommerkurse.

Ich bin Deutsche, 28 Jahre alt und habe einige Französischkenntnisse. Ich arbeite in der Verkaufsabteilung eines großen Unternehmens, und ich möchte mich im Französischen vervollkommnen. Haben Sie auch Kurse in Handelsfranzösisch?

Ich wäre Ihnen dankbar, wenn Sie mir Ihr Sommerprogramm zuschicken könnten.

In Erwartung Ihrer Antwort verbleibe ich

mit freundlichen Grüßen

Petra Marwein

10. Deux jeunes, deux avis

1. A la recherche d'un travail

Pierre, 25 ans, est en chômage depuis six mois. Il nous explique sa situation :
« J'ai eu une formation de menuisier ; j'ai travaillé dans une usine. J'aimais bien mon boulot. Mais un jour, le patron a dû réduire son personnel et on m'a licencié. Depuis six mois, je suis au chômage et je vis avec 300 F par mois. Je paie l'essence pour ma moto, ma nourriture et mes cigarettes. J'ai dû quitter ma chambre louée. J'habite de nouveau chez mes parents. J'aimerais bien me marier, mais à cause de ma situation financière, mon amie préfère attendre.
Tous les jours, je lis les petites annonces. Quand je vais me présenter, ou bien la place est déjà prise ou bien je suis trop jeune et je manque d'expérience. J'en ai vraiment marre. Je me sens dépendant des autres. Je ne sors plus parce que je ne peux pas toujours me faire inviter. Je suis comme un poids pour tout le monde.

2. Le travail, un handicap ?

Oliver, 26 ans, n'a pas du tout les mêmes réactions que Pierre :
« Je finis mes études de sociologie. Je ne sais pas encore ce que je vais faire après. D'ailleurs, je préférerais ne pas trouver d'emploi. Je ne pourrais pas travailler de 8 heures du matin à 6 heures du soir dans un bureau et rentrer chez moi, m'endormir devant la télévision, et ne pas avoir le temps de parler avec ma femme, ne pas sortir avec elle parce que je serais trop fatigué. Une telle vie n'aurait pas de sens pour moi. J'ai vu mes parents vivre ainsi : ils ont fait du travail une vertu, un facteur de sécurité et ils en ont accepté les conséquences. Moi je ne voudrais pas gâcher ma vie privée au profit de ma vie professionnelle. L'équilibre de l'individu est plus important pour moi que la carrière. »

le chômage Arbeitslosigkeit — *le menuisier* Schreiner — *réduire* verringern, einsparen — *licencier* entlassen — *se marier* heiraten — *ou bien ... ou bien* entweder ... oder — *je manque de* es fehlt mir an — *dépendant, e* abhängig — *se faire inviter* sich einladen lassen — *le poids* Gewicht, Last.
s'endormir einschlafen — *une telle vie* so ein Leben — *ainsi* so — *la vertu* Tugend — *la sécurité* Sicherheit — *gâcher* verpfuschen — *au profit de* zugunsten — *l'équilibre (m.)* Gleichgewicht, Ausgeglichenheit.

	vrai	faux
1. Pierre est chômeur depuis dix mois.		
2. On l'a licencié pour des raisons personnelles.		
3. Il a quitté sa chambre parce qu'il ne travaillait pas assez.		
4. Il ne se marie pas parce qu'il a des problèmes financiers.		
5. Pierre est content parce qu'il a beaucoup de temps libre.		
6. Olivier ne veut pas travailler parce qu'il n'a pas fini ses études.		
7. Olivier pense que quand on travaille régulièrement on n'a pas le temps de vivre.		
8. A son avis, ses parents n'ont pas gâché leur vie : ils ont connu la sécurité.		
9. Le travail est une vertu pour eux.		
10. Olivier pense que le travail sert à vivre mieux et qu' on y trouve son équilibre.		

15

1. J'aime la danse, alors je danse!

Finden Sie zu den schräggedruckten Verben die passenden Nomen.

1. Mademoiselle Xavier *vend* des pulls pour hommes dans un grand magasin. Elle est _______________.
2. Monsieur Durand est *sorti* de Cologne pour aller à Bonn. Juste à la __________ de la ville, il a eu un accident.
3. En général les enfants aiment *jouer,* mais aujourd'hui il y en a beaucoup qui préfèrent regarder les __________ télévisés.
4. Marie-Claude va *danser* trois fois par semaine en moyenne. La __________ pour elle, c'est une passion.
5. Les enfants n'aiment pas toujours *répondre* aux questions des parents. Quelquefois leurs _______________ sont insolentes.
6. Il y a des gens qui passent leur vie à *discuter,* mais souvent ces __________________ n'apportent rien.
7. Madame Delaigue a *réservé* une chambre d'hôtel. A la __________________ elle a dû payer 200 F.
8. On dit que «*partir,* c'est mourir un peu». Pour un ______________ en vacances, ce n'est vraiment pas le cas!

2. On parle toujours de vacances! — *Complétez par «à», «en» ou «y».*

Beaucoup de gens passent leurs vacances _____ l'étranger. En général, on va _____ vacances _____ bord de la mer, ________ campagne ou ________ montagne.

L'année dernière, je suis allée _____ Portugal. J' _____ ai d'ailleurs rencontré beaucoup d'Allemands!

Mes parents sont allés _____ Espagne _____ avion. Ils _____ ont passé quatre semaines. Ils sont restés une bonne semaine _____ Madrid. Ils ne sont encore jamais allés ________ Pays-Bas. Ils vont _____ aller en septembre. Cet été, il fait très chaud _____ Italie, alors je préfère aller _____ Danemark.

J'ai deux amis qui vont très souvent __________ Autriche. Ils aiment beaucoup la montagne.

Mon frère, lui, veut aller ______ Etats-Unis. Il aimerait bien ______ faire un circuit ______ autocar.

Il y a quelques années, on ne pouvait pas voyager autant!

3. Un week-end chez les Froissard.

Madame Froissard est malade. Son mari et les enfants l'aident. Qui fait quoi?

Monsieur Froissard demande à sa femme:

1. — Je réveille les enfants?
   ~ Non, ______________________________ maintenant, ils se sont couchés tard.
2. — Je te fais un café?
   ~ Non, _________________________ de café, ______________ plutôt un thé.
3. — Je lave mes chemises?
   ~ Oui, _______________, si tu veux.
4. — Je peux aussi écrire à Jacqueline, si c'est urgent.
   ~ Non, ____________________________, je vais le faire demain.

Les enfants se sont réveillés. Ils demandent à leur mère:

5. — On va au marché maintenant?
   ~ Non, ______________ après le petit déjeuner.
6. — On peut téléphoner à Christine et à Jacques pour les inviter dimanche prochain?
   ~ Non, ___________________________________, j'ai déjà parlé à leur mère.
7. — Alors, on peut regarder la télé?
   ~ Non, ____________________________ maintenant, il faut aider papa à la cuisine.
8. — On fait les steaks?
   ~ Oui, _______________, mais pas trop cuits.

4. Je vous dis que non!

Répondez par la forme négative « ne ... pas », « ne ... plus » « ne ... rien » ou « ne ... personne ».

1. — Brigitte a dit quelque chose?

   ~ Non, ________________________________.
2. — Est-ce que tes amis t'ont aidé?

   ~ Non, ________________________________.
3. — Grand-père fait encore des grands voyages?

   ~ Non, ________________________________.
4. — Est-ce que Pierre et Martine ont entendu quelque chose?

   ~ Non, ________________________________.
5. — Tu n' as même pas répondu à ton père?

   ~ Non, ________________________________.
6. — Tu vas regarder le match de football à la télé ce soir?

   ~ Non, ________________________________.
7. — Vous vivez toujours à la campagne?

   ~ Non, ________________________________.
8. — Est-ce que Claude a écrit à tout le monde?

   ~ Non, ________________________________.

5. Les jeunes, qu'est-ce qu'ils veulent?

Complétez cette interview par « ce qui », « ce que », « qui », « que », « qu'est-ce qui » ou « qu'est-ce que ».

~ Vous dites ______ vous n'aimez pas trop être à la maison. ________________ ne vous plaît pas?

— Je vais vous expliquer ________ je n'aime pas chez mes parents. Ils ne comprennent pas ______ je ne peux pas vivre comme eux; ils me racontent toujours ______ ils font et ______ il faut faire. Ils m'ont demandé de m'occuper de mes études, ________ je fais, d'ailleurs. Mais ils pensent ______ je ne devrais rien faire d'autre. Il y a des parents ______ savent ________ se passe dans le monde et ______ s'intéressent à ________ leurs enfants font.

~ Et vos amis, ______________________ ils pensent de vos activités politiques?

— Je ne sais pas trop ____________ ils en pensent. Entre nous aussi il a y des discussions. Je trouve ______ ils n'ont pas toujours raison. Mais ___________ est bien avec eux, c'est qu'ils acceptent d'avoir tort, quelquefois.

~ ______________________ vous aimeriez faire plus tard?

— Oh, je sais _______ on ne peut pas toujours faire ____________ on veut. Mais je vais chercher un travail intéressant et utile.

~ « Utile » ______________________ ça veut dire?

— Pour moi, ça signifie _______ ce travail doit apporter quelque chose aux autres.

6. Il n'est pas interdit de rêver.*

Si ...,	je ....
	faire du ski
seul(e)	acheter une maison
(plus/moins) jeune	faire le tour du monde
riche	faire du sport
libre	jouer au tennis
argent	écouter des disques
temps	aller pique-niquer
~~seule(e)~~	passer les vacances sur la Côte d'Azur
~~malade~~	aller danser
~~fatigué(e)~~	regarder la télé

— Si j'étais seul(e), je ferais le tour du monde.
— Si je n'étais pas malade, j'irais danser.

Formez des phrases d'après ces exemples.

1. ______________________
2. ______________________
3. ______________________
4. ______________________
5. ______________________
6. ______________________

* *rêver* träumen

7. Parents — aujourd'hui

Übersetzen Sie folgenden Brief an eine Zeitschrift.

Meine Tochter Annie ist 17 Jahre alt. Sie geht aufs Gymnasium.
Seit einiger Zeit geht sie jeden zweiten Abend zu politischen Versammlungen und kommt oft sehr spät nach Hause. Ich versuche, mit ihr zu diskutieren. Das ist unmöglich, sie hört nicht mehr auf mich.

Besonders am Wochenende gibt es Probleme. Mein Mann will seine Ruhe haben. Um sich zu entspannen, sieht er das Fußballspiel im Fernsehen an. Annie interessiert sich aber nur für intellektuelle Filme. Also gibt es oft eine Diskussion zwischen dem Vater und der Tochter. Mein Mann ärgert sich, meine Tochter gibt ihm eine freche Antwort und verläßt das Haus. Ich weiß wirklich nicht, was ich tun kann. Können Sie mir helfen?

8. Loisirs et vacances

En France, il y a une politique officielle des loisirs. Le gouvernement encourage les manifestations culturelles et artistiques (théâtre, cinéma, expositions) et les sports.

— Le cinéma est une distraction, bien sûr. Mais les Français parlent beaucoup d'« art cinématographique » ; pour eux, le cinéma, c'est le « septième art ». Il y a beaucoup d'amateurs de cinéma en France. Ils aiment les films classiques, surtout les drames psychologiques, mais aussi les westerns et les films policiers.

En général, ils n'aiment pas trop les comédies musicales. Un film est jugé sur le jeu des acteurs, mais aussi sur la valeur du scénario et surtout sur la qualité de la mise en scène. Nous pouvons, ici, citer Lelouch, Resnais, Truffaut, Chabrol.

— Le théâtre occupe une place privilégiée dans la littérature française. Aujourd'hui, c'est un spectacle relativement bon marché. Il est subventionné par l'Etat qui finance en partie les productions classiques, mais aussi les pièces d'avant-garde. Le théâtre français moderne est souvent philosophique et intellectuel.

— Les « trois grands » sports français sont le football, le rugby à quinze et le cyclisme.

Mais pour presque tous les Français, le terme « loisirs » ne signifie pas « distractions culturelles ». Quand ils parlent de loisirs, ils pensent souvent à « vacances » et plus exactement à « évasion ».

le gouvernement Regierung — *encourager* ermutigen, *hier:* fördern — *la manifestation* Veranstaltung — *l'exposition (f.)* Ausstellung — *la distraction* Unterhaltung, Zerstreuung — *l'art cinématographique (m.)* Kunst des Films — *juger* beurteilen — *l'acteur (m.)* Schauspieler — *la valeur* Wert, Qualität — *le scénario* Drehbuch — *la mise en scène* Inszenierung, Regie — *occuper une place privilégiée* einen erstrangigen Platz einnehmen — *le spectacle* Schauspiel — *l'Etat (m.)* Staat — *en partie* teilweise — *le cyclisme* Radsport — *le terme* Wort — *l'évasion (f.) etwa:* Flucht aus dem Alltag.

	vrai	faux
1. En France, la politique officielle est contre les manifestations culturelles.		
2. Le cinéma n'est pas seulement une distraction, c'est aussi un art.		
3. Les amateurs de cinéma en France n'aiment pas du tout les comédies musicales.		
4. Un film est surtout jugé sur la qualité du scénario.		
5. Le théâtre est un spectacle relativement bon marché, parce qu'il est subventionné par l'Etat.		
6. Le théâtre français moderne est souvent plus philosophique qu'intellectuel.		
7. En France il y a trois grands sports.		
8. Quand les Français parlent de loisirs, ils pensent au cinéma et au théâtre.		

16

1. Formation du pluriel

Wie lauten die Plurale der folgenden Substantive? Geben Sie jeweils an, ob das Lautbild von Singular und Plural gleich (=) oder verschieden (≠) ist.

		Lautbild =	Lautbild ≠
1. un animal	______________		
2. un jeu	______________		
3. le pneu	______________		
4. ce prix	______________		
5. le travail	______________		
6. le nez	______________		
7. la rue	______________		
8. un bateau	______________		
9. un œil	______________		
10. un œuf	______________		

2. Pronom direct ou indirect? Article indéfini ou partitif?

Complétez les phrases suivantes:

a) 1. — Pierre connaît les Alpes?
~ Oui, il _____ est déjà allé deux fois.

2. — Brigitte veut encore un jus de fruits.
~ Mais elle ______ a déjà bu deux!

3. — Tu as écrit à ta sœur?
~ Non, je vais ______ écrire demain.

4. — Pierre m'a offert un disque.
~ Vous voulez _____ écouter?

5. — Vous avez parlé à Madame la Directrice?
~ Non, je ne ______ connais pas.

6. — Tu as acheté du vin?
~ Oui, j' _____ ai pris deux bouteilles.

b) 1. Il y a ______ pain sur la table, mais pas ______ beurre.

2. Mon mari ne boit plus ______ bière, maintenant, il préfère boire ______ vin.

3. Il y a encore assez ______ vinaigre, mais il faut acheter ______ huile.

4. Au dîner, on a mangé ______ rôti froid, ________ salade d'endives et ______ fromage.

3. «Vie» rime avec «Paris».

Kreuzen Sie an, welches der 4 angegebenen Wörter sich mit dem fettgedruckten reimt.

1. **excellent**
   a) banque ☐
   b) donnent ☐
   c) bon ☐
   d) blanc ☐

2. **fille**
   a) ville ☐
   b) il s'habille ☐
   c) mille ☐
   d) huile ☐

3. **sept**
   a) billet ☐
   b) c'est ☐
   c) côtelette ☐
   d) met ☐

4. Je **sais**
   a) cet ☐
   b) sept ☐
   c) j'essaie ☐
   d) des ☐

5. **sens**
   a) sans ☐
   b) gens ☐
   c) franc ☐
   d) chance ☐

6. **blouson**
   a) boisson ☐
   b) direction ☐
   c) expression ☐
   d) maison ☐

4. Rébus

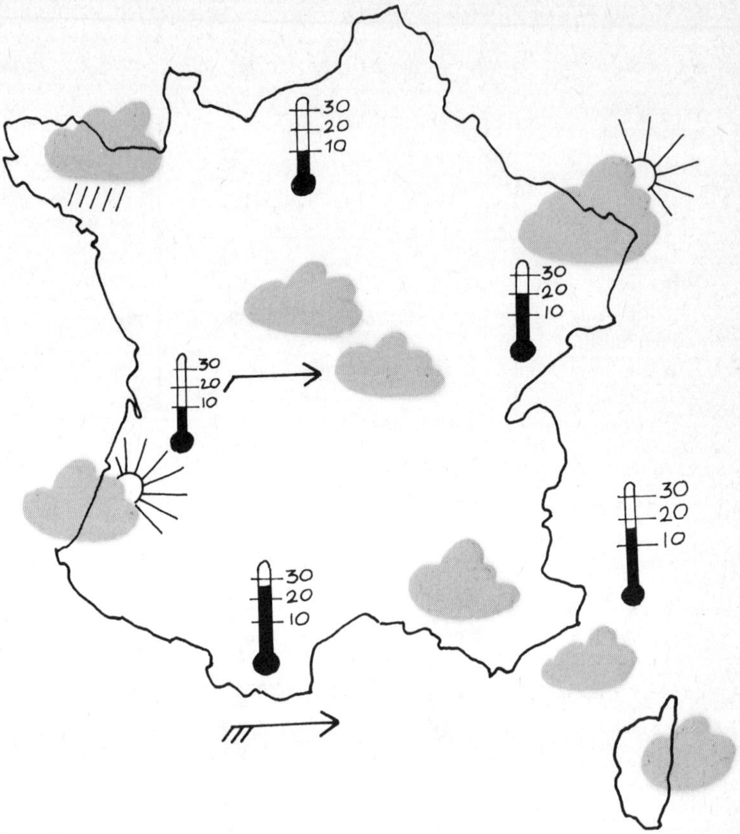

5. Le temps

Prévisions météorologiques*
pour le 30 juin 1978

* Wettervorhersagen treffen sehr oft nicht ein. Vergleichen Sie die Wetterkarte von oben mit dem Wetter, wie es tatsächlich gewesen ist.
Kreuzen Sie an, ob die Voraussagen richtig oder falsch waren.

1. En Corse et dans le Midi, on a eu du soleil pendant toute la journée et il a fait très chaud.
2. En Bretagne, on a eu beaucoup de pluie.
3. Sur la Côte Atlantique, on a eu du soleil, et il a fait très chaud.
4. En Lorraine et dans les Vosges, il a fait très froid.
5. Dans le Sud-Ouest on a eu assez de vent, et la température est montée à + 27 degrés.
6. Dans la région parisienne la température est restée fraîche pour cette époque de l'année, l'après-midi, il a fait + 10 degrés.

vrai	faux

6. Mots croisés

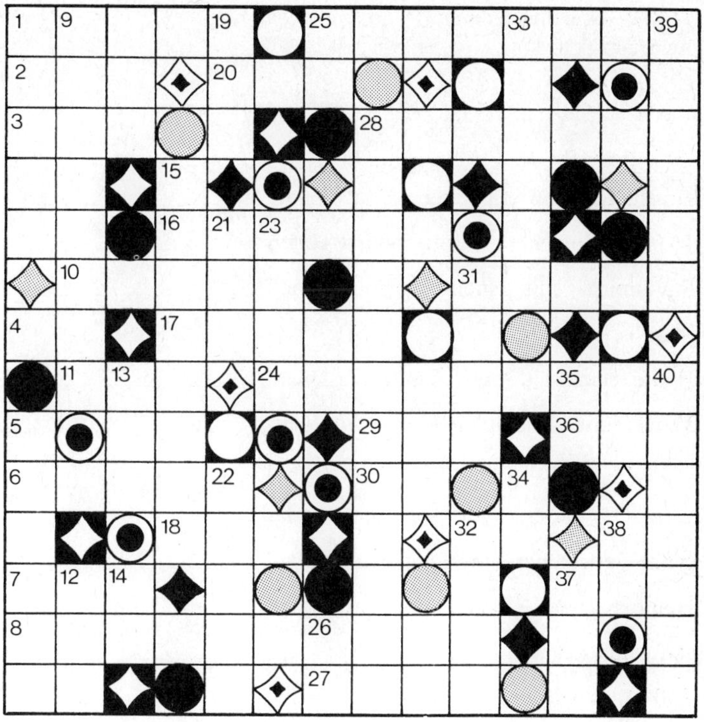

Akzente und Cedille werden nicht berücksichtigt: ç = c; é, è, ê = e; ô = o

Horizontalement:

1. Baum
2. wenig
3. Straße
4. man
6. nehmen *3. Pers. Sing. Präs.*
7. See
8. genau *Adv.*
10. Onkel
11. Süden
16. Kino
17. einsam
18. deine *Plur.*
20. sein
24. nervös *f. Plur.*
25. geplant
27. Asien
28. wie
29. Kragen
30. er
31. aufschreiben *Inf.*
36. Sommer
37. wer?
38. Fernsehen *Abk.*

Verticalement:

1. danach
5. buchstabieren
9. Versammlung *Plur.*
12. Achse
13. eine
14. das
15. Unfall
19. Osten
21. sie *m. Plur.*
22. Zahn *Plur.*
23. Neonlicht
26. meine
28. Handels- *f. Plur.*
31. Weihnachten
32. Küste
33. Nummer
34. der
35. sich
37. was
39. eintreten *Inf.*
40. Abteilung, Dienst

7. SOS — ville en danger — *Übersetzen Sie:*

Weniger Schiffe, weniger Fischer, weniger Fische: der große bretonische Hafen hat ernsthafte Schwierigkeiten. Concarneau, 18.000 Einwohner, drittgrößter Hafen Frankreichs mit einem wunderschönen Strand.

Heute scheint die Sonne, das Meer ist blau. Man könnte glauben, die Leute sind glücklich hier. Aber das ist nur eines der beiden Gesichter dieser Stadt. Das andere, das graue Gesicht, wir finden es in den Straßen.

Heute morgen hat eine Demonstration* stattgefunden.

«3000 Arbeitslose mehr als im letzten Jahr»

«Concarneau will leben, Concarneau darf nicht sterben»

Die Leute gehen langsam, sie sehen ernst aus.

Die Zahl der Schiffe hat sich verringert, der Sardinenfang steckt in einer Krise, und die Konservenfabriken schließen eine nach der andern.

Die jungen Leute müssen das Land (= Region) verlassen.

Eine Bevölkerung ohne Arbeit, eine Stadt zwischen (dem) Leben und (dem) Tod.

* *la manifestation* Demonstration